们为何要考古
——李伯谦自述

李伯谦　口述

赵富海　撰写

文物出版社

图书在版编目（CIP）数据

我们为何要考古：李伯谦自述 / 李伯谦口述；赵富海撰 . -- 北京：文物出版社，2025.7. -- ISBN 978-7-5010-8792-1

Ⅰ . K851

中国国家版本馆 CIP 数据核字第 2025WN2189 号

我们为何要考古
WOMEN WEIHE YAO KAOGU

李伯谦自述
LI BOQIAN ZISHU

口　　述	李伯谦	
撰　　写	赵富海	
责任编辑	郑　彤	
封面设计	刘　远	
责任印制	张　丽	
出版发行	文物出版社	
社　　址	北京市东城区东直门内北小街 2 号楼	
邮　　编	100007	
网　　址	http://www.wenwu.com	
邮　　箱	wenwu1957@126.com	
经　　销	新华书店	
印　　刷	宝蕾元仁浩（天津）印刷有限公司	
开　　本	880mm × 1230mm　1/32	
印　　张	5.75	
版　　次	2025 年 7 月第 1 版	
印　　次	2025 年 7 月第 1 次印刷	
书　　号	ISBN 978-7-5010-8792-1	
定　　价	58.00 元	

自　序

60 多年前，吕遵谔老师的一句"考古是游山玩水"吸引了我，我在回家的村路上捡拾到陶片、牛胛骨，认为东赵是商代遗址，还写了一篇小文，这是我的第一次考古实践。多年之后我理解，游山玩水其实就是野外考察。我喜欢考古，所以一到工地我就兴奋，摸陶片是我最大的享受。我先后出版了《中国青铜文化结构体系研究》《文明探源与三代考古论集》《感悟考古》，并且提出了文化因素分析法和中华文明演进的两种模式。

今年我已经 87 岁。也许是人老了，怀旧成了我生活的一部分。1961 年我毕业于北京大学历史系考古专业，之后留校任教。在几十年的田野考古生涯中，我参与过河南偃师二里头和安阳殷墟、北京昌平雪山和房山琉璃河、江西吴城、湖北盘龙城和荆州荆南寺、山西曲沃曲村—天马等地的考古发掘，曾担任"夏商周断代工程"的首席科学家，并主持"中华文明探源工程"。

"一生哪有真闲日，百岁仍多未了缘"。2020 年 8

月我和夫人张玉范重游山西，参观晋国博物馆，在我题写的"曲村之恋"刻石旁，我与夫人合影。夫人问道："你曲村之恋，恋什么呢？" 60 多年来，我对考古事业有着经久不衰的热情和迷恋，我身上的田野气息是抖落不掉的，随着时光，日复一日，年复一年……

李伯谦

2025 年 3 月

目　录

上篇　考古人生

上 篇
考古人生

第一章

老家东赵

一　李家来了个读书人

　　我是 1937 年农历二月初十生的，我的啼哭声给沉寂的李家老屋带来了生气。我爷爷是乡绅，地方名人，知书达理。后来母亲告诉我，爷爷说，李家又来了一个读书人。父亲念过私塾，他给我取名"伯谦"，"伯"是指头生，"谦"是希望我谦和做人，谦虚做事。

　　我的老家东赵，原是二十里铺关帝庙乡东赵村，现在改归郑州市高新技术开发区，仍叫"东赵"。东赵村大约有四五百户人家，李家是村里比较富裕的一家，有 45 亩地、9 间瓦房、两头大牲口，还有一个牲口院。李家一共 10 口人，包括爷爷、奶奶、父母、叔婶、我和三个弟弟。我爷爷的爷爷名叫李心广，好善乐施，经常接济穷人。他人缘好，经常调停村民矛盾，是上了《荥阳县志》的地方名人，我爷爷经常提起他。我的父亲李德馨，念过几年私塾，是村里的文化人，平时经常为村民代写家书，春节的时候他就为乡亲写对联。

我6岁时，爷爷送我到村办小学读书。学校设在村东头的一座破庙里，在这里，我从一年级读到四年级。教我们的老师有两个。一个是张润之老师，他是老派先生，教语文。张老师的毛笔字写得好，他教我们写大字，一堂课要写完一个大楷、三个小楷，写错一个字打手板一次。新派老师名叫戴凤书，曾经是国民党军队的文书。戴老师教我们语文、算术，也教写大字。他对我们说："写字是基本功，中国人一定要写好中国字。"戴老师的处罚是用棍子打——找两个男同学，放倒写错字的同学，一人按住头，另一人按住腿，戴老师的棍子就在同学的屁股上飞舞。有的同学能挨打，棍子落下时一声不吭；而有的同学，老师的棍子刚举起来，他就杀猪般地嚎叫。事实上，叫与不叫，一律挨三棍。我没有挨过打，但是我帮老师打过别的同学，被打的同学和他父母一块儿找到我家，我父母当着他们的面，狠狠地打了我一顿。

打棍子的戴老师偏偏喜欢我，他说："男孩哪有不打架的，只要学习好。"所以家里人逗我："戴老师喜欢你，你去跟戴老师过吧！"我头一扬说："过就过！"戴老师是广武人，放暑假了他要回广武，就喊我去他家里住。东赵离广武有30多里地，戴老师让我送他，我爷爷领着我到他家，戴老师又不让我走，于是我在他家住了一个多月。这一个多月是我最舒坦的日子，写完作业，我就看戴老师推荐的书，比如《说岳全传》、叶圣陶的《稻草人》。戴老师说，有个别字不认识没关系，能看懂大意就行。他还给我讲故事，我们拿两个小板凳坐在院子里，师母拿着扇子给我们赶蚊子。戴老师的知识可渊博了，他给我讲银河系，讲北斗七星，讲七夕牛郎会织女，我抬头仰望浩瀚的星空，心里想，当个老师多好，能把知识都传给学生。

戴老师不止一次带我到离他家七八里地的桃花峪，去看从黄土高原奔腾而下的黄河。这里是黄土高原与华北平原的交界处，黄河奔流成扇面，又称"悬河"，所以李白有"黄河之水天上来，奔流到海不复回"的千古绝唱。住在戴老师家的那一个月，老师的学问和他那海阔天空的故事，入我耳，进我心，让我永世难忘。

二 解放军开进郑州城

郑州是京广、陇海两大铁路干线的交会点，东赵距离郑州火车站14公里。陇海铁路线上有一个火车站，名叫"铁炉"。在铁炉站，快车不停，只有货车和慢车停。要是赶上运军队，快车和慢车都得停，俺那地方管这叫"过兵哩"。军队来了又有说法，国民党军队来了村民要躲藏，叫作"跑老蒋"；日本兵来了，叫作"跑老日"。

1944年我只有7岁，日本侵略军占领郑州，史称郑州第二次沦陷。有一天，我跟小伙伴到村北头的桑树上摘桑葚，刚爬上树，日本鬼子的飞机就从西北方向飞过来，一直飞向东南，去轰炸郑州，隐隐约约还能听到机关枪的扫射声，吓得我俩赶紧从树上下来，一溜烟跑回家。第二天，住在邙山头的日本鬼子到荥阳一带扫荡，村里人得到信儿，开始"跑老日"，跑到村庄远处的丘陵地带，挖洞躲藏起来。日本鬼子进村了，抢粮食，抢牛羊，没跑的老人、妇女和儿童可就遭殃了。过了几天我们回村一看，房倒屋塌，甚是凄凉。从此，在我幼小的心灵就埋下了仇恨日本侵略军的种子。日本人被赶走后，治安非常乱，到处闹土匪，直到中华人民共和国成立以后才稳定下来。

1948年，我上小学五年级，俺村小学只有一至四年级，我转学到天王寺，住在爷爷的姐姐家。这年10月，我跟家里人去两三里地之外的须水镇赶集，照村里人的话说，去须水，一抬腿就到了。到了须水镇，正要买米面，忽然听见有人喊"解放军，解放军"，我赶紧跑到街头，只见一队中国人民解放军走来，整整齐齐地朝郑州方向前进。这时，街上的群众围过来，有送鸡蛋的，也有送煎饼的，解放军只敬礼，不收东西。

1948 年 10 月 22 日，郑州解放了。第二天，乡里来了个姓杨的干部，他背着一小木箱子书来到东赵，宣传解放郑州的意义，村民都围上来听他宣讲。只见杨同志叉着腰，高门大嗓地说："郑州解放了，这是毛主席派来的人民解放军解放了郑州，从此，这个城市回到人民的怀抱了！"村民鼓掌："说得好啊！"杨同志把他带来的一箱子小画书分给村里的孩子看。那年我已经 11 岁了，也分得一本画书。我一边看一边想："长这么大，我连荥阳城是啥样还不知道呢，啥时候能到郑州城里逛逛啊！"

三　农村娃的艰难岁月

李家命运的改变是在 1952 年，当时李家将 45 亩地、两头"快牲口"（骡子和马）分给了互助组。世代以种地为生的李家，失去土地就等于丢了命，本来不遭"年馑"（荒年）的日子还宽裕些，没了土地，没了粮食，只能靠自己的力气去种别人的地，这日子真是一落千丈，父亲长吁短叹，母亲垂泪不止。

当时我正在上学，只有农忙时回家帮忙，夏天割麦，秋天收高粱，不承想家境的突变会影响我的求学。我考上了荥阳高中，这是荥阳县城唯一的中学，可是父亲沉痛地对我说："伯谦，退学吧！"我跪地哀求父亲："我不退学，我门门功课都好呀！"父亲无奈地说："孩子，我知道，可是家里经济条件不中了啊！"我从父亲的脸上读出了失落——他成了地主，谁还敢找他写家书、写春联，人家要跟地主划清界限。

我悄悄地走出家门，跑到我家那块麦地，对着天空大喊："为啥，为啥呀！我考上荥阳高中，门门功课都是满分，为啥让我退学？！"这喊声从无边无际的麦地扩散到天边，却没有回声。天渐渐黑下来，"伯谦，伯谦"，远处传来母亲的声声呼唤，她上前一把拉住我的手说："走，回家！"

回到家，母亲小声和父亲商量了好一阵子，父亲连连摇头："不中啊，供不起他上高中了，退学吧！"旁边的我暗下决心："不退学！我要想办法挣钱帮助家里！"这时，我突然想起来下午被麦茬绊了一脚，顿时有了一个好主意：可以学叔叔、婶子，用麦秸编草帽、做垫子卖钱。于是我跟父亲说，我要跟叔叔、婶子学习编草帽，出去卖钱，补贴家用。

东赵过去归开封地区荥阳县。早在明清时期，荥阳一带就有用麦秸编制物件的传统，俗称"掐缏儿"。几百年来，掐缏儿在当地已成风气，上至八十老妇，下至六七岁女童，个个都掐得一手好缏儿。每到夏天，柳荫下，草屋前，妇女三五成群，或守场圃，或相谈笑，就是走路或者看戏时，她们手里也拿着麦秸，不停地编啊编。我也加入家庭的掐缏儿行列，上学前、放学后我清洗麦秸，有时也掐缏儿。学校放假以后，我就随父亲到汉口去卖草帽，卖草帽的钱用来补贴家用。

日子虽苦，但我非常珍惜在荥阳高中读书的这段日子。当时我住校，学校开伙，学生自带干粮。由于家境困难，我每个月带去的玉米面、红薯干都不够吃。每天下课之后，我和同学一起到校外的野地里挖野菜，然后煮一锅玉米糊，把挖来的野菜洗干净，撒到玉米糊上，吃上几碗，填饱肚子就行。就这样，我总算对付到高中毕业。

四 男儿读书当自强

我 6 岁上小学，就在东赵村。中午休息时常约上几个同学到不远的丁庄河洗澡，捉鱼摸虾，打群架，弄得鸡飞狗跳，对此班主任睁一只眼闭一只眼。后来我上了高小，先在天王寺读，接着去须水镇上了半年，陈勤老师给我们讲修身，讲如何做人，让我们帮家人干活，夏天割麦，秋天收谷子。

初中我考上天王寺中学，还是在农村。别看是农村中学，要的分数很高。父亲带我去的，这回我住在爷爷的姐姐家。教我们的张槐檀老师，文学修养很好，他给我们推荐的课外书有鲁迅、巴金的书，还有魏巍的报告文学《谁是最可爱的人》。

我土生土长在农村，虽然东赵离郑州城只有二十多里地，但是直到我长到19岁，才走进郑州城两次。一次是我上初中。张槐檀老师是郑州人，他喜欢聪明又调皮的我，星期天张老师回郑州，就带上我，住在他家里。他带我上街吃水煎包，我第一次吃到这种美食，过了好几天，嘴里仍然有水煎包的香味。张老师还请我看电影，可惜我只记住了水煎包的味儿，却忘了电影的名字。

考上高中后，我第一次走出农村，走进荥阳县城。荥阳高中位于城北，校门口"荥阳高中"四个字是郭沫若亲笔题写的。班主任名叫蒋大方，他反对死读书、读死书，经常给我们介绍文学作品。蒋老师还安排我们社会实践，走出校门去搞社会调查。

20世纪50年代初，全国开展农业合作化运动。荥阳有个王村，是由初级社过渡到高级社的典型，蒋老师带我们去王村参观，回来以后大家都要写感言。我的感言是一首诗，题目是《我们走在大路上》，蒋老师让我在班上朗诵，又说要推荐到《河南日报》发表。虽然最后没有发表，但这件事点燃了我当作家的梦想。我经常跟班里有作家梦的同学一起，讨论鲁迅、郭沫若、巴金、茅盾、叶圣陶、萧红、丁玲等人的作品，可以说是班级沙龙。

上中学时，读文学作品是我的一大爱好。我读的文学作品大多是鲁迅、郭沫若、茅盾的名篇。茅盾的长篇小说《子夜》和短篇小说《林家铺子》具有鲜明的时代特征，《春蚕》《秋收》《残冬》农村三部曲则反映了 20 世纪 30 年代中国农村"丰收成灾"的现实。郭沫若的《女神》是他的代表作，开中国一代诗风，每读一遍我都心潮澎湃。有意思的是，考上北大以后，我在周口店遗址发掘时，还亲眼见到郭老本人，聆听他的讲话，并且跟他合影留念。

高中三年的记忆早已模糊，但永远抹不去我对鲁迅的崇拜和热爱，读鲁迅的作品成为我生活的一部分。从少年时代起，我就读鲁迅的《孔乙己》《阿 Q 正传》《祥林嫂》《闰土》《社戏》《坟》，我最欣赏鲁迅的"我以我血荐轩辕"，表达了鲁迅不惜献出自己生命的爱国主义精神。

▲ 我的北京大学学生证照片

　　1956 年，我从荥阳高中毕业，准备考大学。大学考场有两个，一个是荥阳高中，另一个是郑州二高。我被分到郑州二高考场。从东赵到郑州二十多里，我是走路去的。我虽然仰慕北京大学，但是怕考不上丢人。我看了郑州大学的简介，决定报考郑大。简介上说，郑州大学是 1954 年根据教育部决定，由北京大学、吉林大学、东北大学等高校提供师资，在河南郑州兴建的，1954 年 9 月 15 日正式成立，由郭沫若题写校名。多巧啊，我上的荥阳高中也是郭沫若题写的校名。

老师鼓励我第一志愿填写北京大学，第二志愿写郑州大学。结果我被北京大学录取了。我的同学吴士英考上河南大学哲学系，汪金川考上中国人民大学历史系档案专业，白光照考上哈尔滨工业大学，我考上北京大学历史系。消息很快传开了，人们说"同班四才俊，荣高名声大"。

考上北大之后，我去跟戴风书老师、张槐檀老师、蒋大方老师道别。戴老师说："早注意你了，我的学生能考上北大，我高兴极了，很有成就感！"张老师说："早知道了，祝贺！前程似锦！"蒋老师最高兴，他对我说："你到五四运动的发祥地读书，真是有福气，好好学，将来报效祖国！"

人遇良师如遇明灯，暮年之际回首往事，小学的戴风书、陈勤老师，初中的张槐檀老师，高中的蒋大方老师，他们教我读书，教我做人，感念师恩，永世难忘！

第二章

大学时光

一　穿着旧衣走进北大

1956 年，荥阳邮局将北京大学的录取通知书送到我家。村里的老少爷们纷纷赞叹："老李家出状元了，去北京上大学，老少几辈谁家有？人家以后就是北京人啦！"父亲是村里的文化人，他知道考上北京大学的艰难，不再因为我没有学医而遗憾。有亲戚前来祝贺，父亲略备烟茶招待；邻里乡亲来祝贺，他就抱拳致礼。

母亲虽然不识字，但她知道儿子考上了北京的大学，既高兴又发愁，她为找不出一件儿子能穿出门的衣裳而难过。当时买衣服需要布票，可是 1956 年全国发行布票时，还没有农村的份儿，我家是既没布票又没钞票。母亲手巧，她翻箱倒柜，找出几件旧衣服，这里拼一拼，那里剪一剪，给我缝出了一身衣服，我一穿，真合身。母亲看着看着就掉眼泪了，她说："你身架好，穿啥都中……娘对不起你呀！"我安慰母亲："娘，只有您给我做的衣裳最合身，我要穿这身衣服在天安门前照个相，寄回来！"

我告别父母，穿着母亲拼接的旧衣，背上行李，走了五里地来到铁炉车站（铁炉站位于郑州市西部），坐火车到郑州火车站，又从郑州坐火车去北京。我买的火车票是慢车，这也是我生平第一次坐火车。火车一路咣当咣当，我看着窗外的风景，只见电线杆、房屋、大地都在急速地往后退，我想看书，车又晃得厉害。就这样走了一二十站，终于来到北京前门火车站（正阳门东车站），我的心一下子激动起来，因为在它身后就是雄伟的天安门。前门火车站有北京大学的新生接待站，只见北大的校旗迎风招展。我找到了北京大学新生接待处，前来报到的新生来自上海、青海、广东、浙江等地，其中河南的新生有四个人——杨育彬、郝本性、郑杰祥和我。

20 世纪 50 年代的北京，穿旧衣服已经是另类，我站在穿着蓝色学生装的男生、穿着 "布拉吉"（连衣裙）的女生中间，显得格外刺眼，周围人投来的目光既有好奇也有轻蔑，我不予理睬。但有一件事情令我不快，我怀揣着作家梦，想当鲁迅，这一梦想却被历史的高考分数浇灭了。怎么办呢？学好历史报效祖国吧！

▲ 1966 年与同班同学何介钧（右）合影

接站的老师致欢迎辞之后，领着我们上了一辆卡车，朝西边也就是现在的海淀区驶去。北大不久前刚迁到老燕京大学的校址，我们是从北大南门进去的，走过几排宿舍楼，往东在一座阅览室的门口停下来。老师说，校舍还没建好，暂时在阅览室里打地铺。有同学禁不住说："啊？打地铺啊！"河南四个新生一声都没吭。后来我们搬到新建的几座小楼里，统一叫作"斋"。我们搬进第八斋二楼，这回不打地铺，住双人床，上下铺。

二　北京大学考古专业

在我看来，北京大学自 1898 年建校起，曾三次影响中国历史。第一次是 1898 年清政府成立京师大学堂；第二次是 1919 年 5 月 4 日从北京大学开始的爱国学生运动，史称"五四运动"；第三次是 1922 年在北京大学成立考古学研究室，这是中国高校第一次设立考古学机构，与中国考古学几乎同步。

北京大学始创于 1898 年，起初叫"京师大学堂"，是近代中国第一所国立综合性大学，也是国家最高教育行政机关。1912 年学校更名"北京大学"。第一任校长孙家鼐（1827～1909 年），第二任校长许景澄（1845～1900

年），第三任校长张百熙（1847～1907年）。

张亨嘉（1847～1911年）是第四任校长。1904年，京师大学堂总监督兼校长张亨嘉发表就职演说，他向学生行礼，礼毕致辞。老师和学生本以为校长会有长篇大论，但张亨嘉只说了14个字："诸生听训：诸生为国求学，努力自爱。"张亨嘉治学开风气之先，曾亲自选定校舍，定讲堂，建操场。他还参与制定学堂章程，拟定考试科目，设立中文论著、中国史地、外国史地、翻译、算术、代数与平面几何、物理无机化学等科目。张亨嘉对于教师的选用也有独到之处，既礼聘国学大儒，也任用西人教授。

中国有考古学始于1921年，瑞典地质学家安特生与他的中国助手刘长山在河南省三门峡市渑池县仰韶村发现了新石器遗址，因为考古惯例是以地名来命名考古学文化，所以叫作"仰韶文化"。

北京大学考古学研究室是1922年成立的，第一任主任是马衡（1881～1955年），他有"中国金石第一人"的美誉。在保护文物方面，马衡做了三件事，足见其爱国之心。第一是他和北大教授共同呼吁，阻止斯文赫定这位瑞典"探险家"盗窃敦煌壁画。第二是为了指证东陵盗宝的军阀孙殿英，马衡作为考古专家出庭作证。第三是1933年日军入侵山海关，当时马衡是故宫博物院代理院长，为防日寇，他动员大家将第一批文物共 2118 箱，用小推车运到前门火车站，装了 18 个车皮，送往上海租界。1934 年马衡正式出任故宫博物院院长，直到 1952 年卸任。1922 ～ 1933 年，马衡任北京大学国学门考古学研究室主任，他成立了以向达为主任的考古文物整理研究室，聘请梁思永、裴文中为导师，开始招收研究生。

梁思永（1904 ～ 1954 年）是梁启超次子，1923 年入哈佛大学研究院学习考古学和人类学，他用英文写成《山西西阴村史前遗址的新石器时代的陶器》并且发表。1930 年夏，梁思永毕业回国，秋天赴黑龙江，参加了昂昂溪新石器时代遗址的发掘，写成《昂昂溪史前遗址》发掘报告。1932 ～ 1935 年，梁思永主持安阳小屯西北冈殷王陵的发掘。1935 年，梁思永撰写的《小屯、龙山与仰韶》正式发表，在文中他第一次指出，龙山文化的时代早于小屯，而仰韶文化又早于龙山文化。

裴文中（1904 ～ 1982 年），1927 年毕业于北京大学地质系，1928 年开始参加北京周口店遗址的发掘工作。1929 年 12 月，他发现了北京猿人第一个头盖骨，随后又发现北京猿人的打制石器与用火遗迹。裴文中在周口店的发现，证明了直立人的存在，为研究中国乃至世界古人类进化史作出了巨大贡献。

中华人民共和国成立后，北京大学考古学仍处在全国高校第一的位置，它与国际接轨，架起中国考古学走向世界、世界考古学走进中国的桥梁。1952 年，北大成立考古专业，此为全国高校第一家。1995 ~ 2000 年，国家启动"九五"科技攻关项目"夏商周断代工程"，我是四位首席科学家之一。2000 年以后，国家启动"十五"科技攻关项目"中华文明探源工程"，我参与主持"中华文明探源工程预研究"课题。

1992 年，我担任北京大学考古系主任。1998 年，北京大学在考古系基础上成立了北京大学考古文博院，2002 年更名为北京大学考古文博学院，下设考古系与文化遗产系，分为四个专业：考古学、博物馆学、文物保护、文物建筑专业。北大考古文博学院同英、美、法、德、意、澳、日本等国的多所大学、科研机构建立了交流合作关系，成了国际性的以考古教学与研究为主的考古院系。

1992 年，我参与创办了北京大学赛克勒考古与艺术博物馆。我认为，今人与古人对话主要有两个途径——考古和艺术，这是创办博物馆的初衷。

2000 年，北京大学设立了教育部人文社科重点研究基地——北京大学中国考古学研究中心，我担任中心主任。中心以重建上古史为主要研究课题。

三 考古就是游山玩水

我上学时，北京大学历史系包括中国史、世界史、考古三个专业。第一年不分专业，所有的学生在一起上基础课。当时，张政烺、齐思和、邓广铭、商鸿逵、田余庆等先生相继授课，令我眼界大开。

第二学期的期末，我们需要自主选择专业，各个专业的老师开始动员大家报名选专业，这可让我犯了难。恰在此时，吕遵谔老师前来动员，他是中国著名的旧石器考古专家，当时他还是考古教研室的秘书。吕老师口才好，说话很有鼓动性。只见吕遵谔老师步履从容，面带微笑走进教室，他站定，目光在全班同学面前扫过，然后说："同学们，你们一定想知道什么是考古，我告诉你们，考古就是游山玩水啊！"眼见全班同学兴奋起来，吕老师又说"别的专业可没这个好处"，于是大家欢笑鼓掌。

吕遵谔老师娓娓道来："同学们，搞考古有三大好处。第一个好处是游山玩水，你要考古实习，你就要到农村去，到名山大川去；第二个好处是我们开有一门摄影课，你得学会照相，把发掘出来的文物拍下来，留下资料。"

这个好处更有吸引力，因为像我这样的农村孩子，几乎没有见过照相机。吕老师接着说："第三个好处是考古班开设中国史、世界史、考古学，比学历史的同学多一个专业。"

我当时年龄小，玩心大，和要好的同学一商量，就报了考古专业。我们年级有三个班，学考古的集中在第三班，一共24个同学。河南的4个同学中，有3个同学选择了考古。就是我、杨玉彬和郑杰祥。

▲ 1963年2月，我与同班同学郑杰祥（右）、杨育彬（左）摄于河南省文化局文物工作队

大学时代的我，对考古不甚了解。了解之后才知道，所谓游山玩水，其实就是野外考察。在考察实践中，辛苦是肯定的，但也能看到人文之美，更重要的是能与古人对话，为修国史而贡献力量。其实，只要真心喜欢考古，完全可以获得游山玩水的乐趣。

吕遵谔老师还给我们介绍了担任考古专业教学的几位教授，个个如雷贯耳，我的崇拜之情油然而生。

苏秉琦先生是中国科学院考古研究所第三研究室主任，兼任北京大学考古教研室主任。他在 20 世纪 30 年代主持了陕西宝鸡斗鸡台的考古发掘，写出了中国第一本规范的考古发掘报告《斗鸡台沟东区墓葬》。

宿白教授是著名考古学家向达的研究生，他对佛教考古有独到的研究。1951 年，年仅 29 岁的宿白主持了河南禹县（今禹州市）白沙镇北宋砖雕壁画墓的发掘，并于 1957 年在文物出版社出版《白沙宋墓》，这是新中国最早出版的考古报告之一。

阎文儒教授也是向达的研究生。20 世纪 40 年代，他与夏鼐赴西北、甘肃等地进行科学考察，成就斐然。阎文儒先生对古史多有建树，他为人谦和，师生称道。

张政烺教授 1936 年从北京大学历史系毕业以后，进入南京中央研究院历史语言研究所工作。他熟知古代文献

◀ 1960 年下半年，阎文儒（第二排居中）、宿白（后排居中）先生带领 1956 级考古班参观山西大同云冈石窟

1961 年 4 月，宿白（前排居中）、阎文儒先生带领 1956级考古班参观山西大同华严寺的下寺

典籍，1946 年被聘为北大历史系教授。

齐思和教授是第一位从燕园走出来的哈佛博士。1931
年他毕业于燕京大学历史系，曾任燕京大学历史系主任，
1953 年任北大历史系教授。齐思和先生学识渊博，学贯
中西，对先秦史、世界中世纪史造诣极深。

邵循正教授原本是清华大学历史系主任，1952 年
任北京大学历史系教授、中国近代史教研室主任。他曾
留学法国，师从伯希和。邵教授主讲中国近代史、蒙古
史。

此外，杨人楩曾赴牛津大学留学，他主讲世界近代史，
对法国近代史颇有研究。向达教授致力于中西交通史研究
及敦煌学，他最有名的著作是《唐代长安与西域文明》和
《伦敦所藏敦煌卷子经眼目录》。他们的人格魅力和学识，
让我一生受益。

考古学究竟有什么用处，当时争论很大。苏秉琦教授
讲课时的一番话，让我记忆犹新。他说："学考古初心是
什么？初心就是修国史，修理的'修'，就是要把中国的
历史弄清楚。中国这么大地方，人口又这么多，要把中国
五千多年的文明史梳理清楚不容易。"

四 回到老家捡拾陶片

第一年寒假我没有回郑州，留校读书。当时天气很冷，也没有暖气，无论是学生宿舍还是图书馆都冷得坐不住。咋办？我硬着头皮向学校申请了一套棉衣，这下可暖和了。我穿着蓝布棉衣去食堂吃饭，泡图书馆，在宿舍读书、做笔记，就是没去逛街，也没想着去吃北京小吃，像炸糕、豆汁儿、小肠陈之类的。主要有两个原因：一是没钱，身上带来的钱，除了买饭票、牙刷、牙膏、毛巾，口袋里没有几毛钱；二是寒假20天，我要充分利用，才对得起学校补助的这身棉衣。

第二年放暑假，我回郑州东赵看望父母。回家时，我仍然穿着母亲拼接的旧衣裳。这回我给父母带了一块酱牛肉，说是在北京买的，父母特别高兴。

我在回家的村路上发现了一些陶片，我捡起陶片，用手抚摸着陶片，又用衣服擦干净，心里想："我在这里生，在这里长，村路走过千百次，怎么就没发现过陶片呢？噢，我明白了，这跟我现在学考古有关。"家里人见我拿回陶片，不解地问："满地都是，拿这弄啥？"我举着陶片说："咱这地方可能是个大遗址，可能是商代遗址。"父亲虽然听不明白，但他觉得既然儿子学考古，说的话一定是对的，于是他对我讲："咱这块地有几千年历史了？以后叫恁叔上地时捡点回来，你拿回学校研究吧！"

我提笔写了一篇文章，认为这块地方是商代遗址，但是没有寄出去，原因有二：一是考证还不全面；二是觉得在校学生写的论文，编辑是不会花心思看的。

陶片和小文都留存在我的记忆中，这是我的第一次考古实践，算是理论与实践相结合。暑假结束，我回到学校，将捡拾陶片、认为是商代遗址的事情告诉老师，老师鼓励我："好！继续用心，做新一代考古人！"

五 在周口店遗址实习

在北大上学的五年，是我学习、生活的重要时期。1958 年，国家提出"鼓足干劲，力争上游，多快好省地建设社会主义"，为此，北大考古系提出要过一个"共产主义的暑假"，1956 级、1957 级两个考古班的学生住在周口店，参加发掘。

当时刚上完吕遵谔先生讲的旧石器时代考古课，同学们热情高涨，我打心眼里赞成，毕竟这是入学以来的第一次考古发掘，而且是去闻名世界的周口店遗址，在这里曾经挖出猿人头盖骨，将直立人的历史向前推了几十万年。意气风发的我们提出口号："大干一个月，挖出猿人头，向国庆献礼。"我们全班同学坐在大卡车上，一路欢声笑语来到周口店，住在龙骨山上。

那里地层极为牢固，学生们干劲十足，用大铁锤凿出个大洞，塞进炸药，硬是把它给炸开了。尽管没有挖出猿人头，我们也收获颇丰，挖出了不少动物化石和石器，排成一列，老师们便现场开始教学，告诉我们这是什么东西，有什么意义。

考古实习期间，有很多名人来到我们工地，比如郭沫若、裴文中、贾兰坡，都是我们崇敬的大学者。中国科学院院长、著名历史学家、文学家郭沫若来看望我们，向我们问好。郭老幽默地说："你看你们多幸福啊，工具一扒拉就能扒拉出一块骨头！"他鼓励我们把考古当成终生的事业，最后我们全班同学与郭沫若院长合影留念。

贾兰坡是中国科学院古脊椎动物与古人类研究所的主任，他来指导我们发掘，令我们喜出望外，因为贾先生是仅次于裴文中的考古学家，而裴文中是 1929 年最早在周口店遗址发现猿人头盖骨的。更让人惊喜的是，贾兰坡的夫人亲自给我们做饭，有同学打趣："这饭太值钱了，有考古的味道，咱们太幸福了！"

▲ 1958 年暑假，1956 级、1957 级考古班与郭沫若（三排左六）、
　裴文中（三排左五）、杨钟健、贾兰坡（三排左七）、吕遵谔（三
　排左四）在周口店猿人洞前合影

那年暑假天气很热，虽然每天都是汗流浃背，但是大家有说有笑，过得很开心。到了晚上，或者遇到下雨天，老师会给学生们上课，学习与旧石器考古有关的知识。一个月的暑假过去了，我们虽然没有挖出猿人头，但是通过三个方面的训练，对考古有了更深刻的认识。

第一，在贾兰坡先生和吕遵谔老师的指导下，我们发掘出一批动物化石，如剑齿象、鬣狗、肿骨鹿等。

第二，基本学会了使用手铲、毛刷，特别是学会用钢钻打洞。山体坚实，我们提出放炮炸山，吕先生同意。接下来打洞、放炸药，我们买来钢砧和铁锤，铁锤的木柄很

▲ 1958 年 8 ~ 10 月，我在周口店龙骨山参加田野考古实习，左为同班同学李晓东

软，抡起来晃晃悠悠的，起初抡几次都打不到钢砧上，后来一锤一个准。我们把炸药放在洞里，然后躲起来，只听一声哨响，漫山遍野响起爆炸声，十分壮观。

第三，成立了科研小组。我们去访问当年发掘周口店的老工人，让他们回忆当年的发掘情况以及裴文中发现猿人头盖骨的过程。我们虚心访谈，认真记录，整理成资料，同时编写了《中国旧石器考古小史》。对于考古，虽然我们还不是很懂，但至少不像以前那样觉得非常神秘了。

当时山下驻有解放军，我们参加了军训，练习出操、走正步，只是没让我们练习打枪，有点遗憾。发掘间隙，我们跟部队举行了篮球比赛。整个实习生活是非常愉快的。自那时起，我就像是揭开了考古那神秘面纱的一角，得以一睹真容、初窥门径了。

六 参加田野考古发掘

1958 年，我们班的同学朱非素、吴梦麟、齐春芳（齐心）、郝本性、郑杰祥、杨育彬、任长泰、徐自强、汤池、张学海、李晓东提出一个口号——为祖国健康工作五十年。第一项考古工作是 1958 年考古系学生到周口店遗址发掘，收获是挖出早已灭绝的动物化石，如剑齿象、鬣狗、熊猫粪化石，还编写了《中国旧石器考古小史》，详见前文。

1959 年 3～8 月，我们迎来列入教学计划的正规的田野考古实习。当时是学苏联，叫作"生产实习"，地点在陕西华县柳枝镇的泉护村和元君庙，这是新石器时代仰韶文化遗址，包括生活场所和墓葬。学过新石器时代考古的人都知道这两个有名的遗址，相关考古报告已出版发行。当时是李仰松老师带着我们班 26 个同学（包括两个越南留学生）。辅导老师白溶基，他是朝鲜族。

田野考古实习分为两个阶段，一个是发掘实习，一个是调查实习。我主要是在元君庙墓葬区发掘。这是一处仰韶文化早期墓地，墓坑一排排、一行行很有规律。墓圹内有埋一个人、两三个人的，也有埋五六个人、十几个人的，白骨森森，女同学见到这一具具白骨都吓得惊声尖叫。我们的任务是用手铲和毛刷把骨架清理干净，画图并且照相，然后拿出来，用纸包好，存放在一个地方。发掘时，老师手把手地教我们怎样布置探方，怎样识别地层，出土器物后如何根据类型学进行整理。地层学和类型学的训练，为我打下了考古学的发掘和研究基础。

墓坑里的人骨有男有女，有的全是男性，也有全是女性，还有几个男的或几个女的和一个小孩埋在一起。有的是一次葬，有的则是二次葬，我们要搞清楚他们的关系。

▲ 参加田野考古实习

在发掘过程中，老师不断启发我们思考。比如在一座墓中埋葬多人，他们是什么关系？是夫妻还是兄弟姐妹？大家讨论得非常热烈，有说是父子，有说是兄弟，还有说是舅舅和外甥。关于男女同葬，有人说是夫妻，还有人说是母子、姑侄的，同学们争论得不可开交。老师又问我们，为什么有的小女孩随葬很多比较奢侈的器物？是不是她在氏族中有着特殊的地位？通过老师引导，大家慢慢意识到，这可能反映了母系氏族社会的生存情况。

老师启发我们思考这些谜题，告诉我们应该看什么书、读什么文章。要解答这些谜题，需要我们发掘遗迹、遗物，整理好，然后循着这些线索抽丝剥茧，才能将那笼罩数千年的迷雾轻轻吹开，将古人生活的一角展现出来。

尽管文献上说，古代曾有"只知其母，不知其父"的阶段，但是这么具体的活生生的例子，由我们亲手挖出来摆在大家面前，却是任何古书都没有记载过的。中国号称史学大国，中国有二十四史，加上《清史稿》是二十五史，此外还有野史、方志、私人笔记等，尽管很多，但以上这种情况就没有记载。另外，文献上记载的是不是可靠呢？其实，后来我们知道，有很多并不可靠。比较早的先秦时期的文献，都是口耳相传，经后人一代一代记录下来的，这中间可能有误差，甚至有对当时帝王的溢美之词，没有完全真实地反映历史。考古挖出来的则是实实在在的东西。当然，对考古资料本身也需要一个艰苦的解读过程，因为它们没有写着什么，特别是在没有文字记载的史前时期和原始时期。

考古实习从 1959 年 3 月中旬开始，到 8 月初结束。四个多月的考古实习是我对考古学认识的分水岭，以前我只是知道点皮毛，考古究竟是什么，到这个时候我才有所体会。当初夏鼐先生讲"考古学通论"这门课时，说"考古学和文献历史学是车之两轮"，田野考古实习加深了我对这句

▲ 我（中间）参加田野考古实习时，对考古资料进行统计、分析

话的理解。考古有考古的优势，考古可以走出去，去野外，看到实实在在的东西。我很庆幸当年报了考古专业。

接下来的半个月是调查实习，其实就是参观附近的古代遗址。我们到了西安，住在西北大学。我们参观了很多博物馆，还与西大历史系考古专业的同学联欢，举办晚会，唱歌跳舞，好不美哉！之后我们去了宝鸡，参观20世纪30年代苏秉琦先生主持发掘的斗鸡台遗址和墓葬，心情十分激动。那些蕴含大量远古时代信息的文物，让我们眼界大开，也让我们对考古有了初步和具象的了解，在内心深处，对考古的敬畏与热爱开始萌芽。

1960年下半年，我们班由阎文儒、宿白两位老师带队，到山西大同云冈石窟参观。阎文儒老师对佛教有很深的研究功底，我们听得兴趣盎然。出了云冈石窟，我们又去大同的华严寺参观，宿白老师教我们画斗拱，收获很多，令人难忘。

我的五年大学生活尽管也有曲折，但是总体而言受益匪浅，没有荒废。经过训练，我逐渐培养了考古的专业思维，学习了地层学和类型学，结识了考古界很多长辈大师，进而开启了我与考古的一生情缘。

第三章

留校任教

一 留在北大历史系

1961年我大学毕业，正赶上"三年困难时期"，国家经济没恢复过来，大学生分配比较难，老师们想尽办法，到处联系用人单位。后来，同学们陆续走上工作岗位，留下来的同学参加发掘北京昌平雪山遗址，我、朱非素、徐自强、郝本性都去了。没过多久，从学校传来好消息，我们几人都有了去处。朱非素被分配到广东省博物馆；郝本性、徐自强报考研究生也定下来了，徐自强的导师是中国科学院考古研究所的郭宝钧先生，郝本性的导师是故宫博物院副院长、古文字学家唐兰先生；我留校任教，我的工作不但有了着落，职业还是我最为仰慕的老师。

考古教研室的副主任宿白老师找我谈话："你下周回北大，到系里开个介绍信，去校人事处报到。你现在是北大历史系考古专业助教。"很快，苏秉琦主任也找我谈话：

▲ 1961 年大学毕业前夕

"争取你留下来不容易，费了很大的劲儿。我们研究了，你喜欢商周，商周考古是邹衡，你就搞东周考古吧。"

我当助教以后，苏秉琦主任交给我的任务是协助邹衡先生编写《商周考古》讲义，是油印本。1972 年北大招收了一批工农兵学员，就是以这个油印的《商周考古》为教材，后来，这本书成了全国高校的考古教材。我虽然是助教，却没有登上北大讲台授课，而是先到山东大学、南京大学去讲商周考古。当时，山东大学、南京大学等国内高校还没有设考古专业，是苏秉琦先生派我去支教的。

　　头几年我没在本校教过学生，却不间断地带学生到遗址现场进行考古实习。从 1964 年作为青年教师带领学生实习，到 2000 年前后带学生到山西曲沃县的曲村—天马遗址发掘晋国大墓，我已经有将近 40 年的"田野龄"，真是走遍了祖国大地，北京、河北、广东、江西、陕西等地都留下了我和学生的足迹。

▲ 留在北京大学任教

二　考古工地的爱情

我上高中时，十六七岁，已经是半大小伙子，虽非一表人才，也是眉清目秀，而且，村里考上荥阳高中（省重点高中）的就我一人，就凭这两条，说媒的人踏破李家门槛，对此母亲都是笑迎笑送。一天我回家提玉米面，母亲聊起谁家的闺女长得齐整又能干，谁家的闺女孝敬父母，被我拒绝："我正在读高中，准备考大学，爬坡正吃力，没精力说这事儿。"母亲听罢收起笑容，旋又绽开笑脸："中啊，听俺伯谦的。"

1956年我考上北京大学历史系。我们那个时代的男女青年只听组织的话，一心想把学习搞好，不知道花前月下、卿卿我我。这些年来，采访我的记者、作家常常问及我的大学爱情故事，我只好说"没有"，因为真没有。但有一封迟来的情书，那已经是我与张玉范许定终身之后。我对写信的姑娘说，"晚了，我已心有所属"，并且告诉她，我与张玉范正在热恋中，这位同学也就打消了念头。后来她去了南方，成为某省考古所的副所长，我和她成了业务上相互帮助的好伙伴，现在想想，那个时代的青年是多么单纯、多么纯洁啊！

　　我的妻子张玉范，是我的学生。1961 年我毕业，留校当教师，1962 年她考上北大考古系，我带她们班考古实习。师生恋古已有之，我和张玉范的缘分始于一场病，颇有点传奇色彩。

　　1964 年，我带张玉范她们班到安阳的白璧公社考古实习。我们不知道工地所在村是个"肝炎村"，没多久张玉范就染上了肝炎，病情较重，必须隔离，到医院治疗。我当时既是老师又是领队，顿感失职，十分内疚，随即报告学校，学校决定由我陪张玉范回北京住院治疗。

　　张玉范身体虚弱，我扶着她上了火车，买到的是硬座，她只能半躺着。吃饭时，我要了一份面条，算是病号饭。看着她吃完面，我把剩下的半碗面条汤给喝了。其实，她递给我饭碗的意思是让我去倒掉剩面汤，没承想我直接端起来喝掉了。我喝汤的时候她也没阻拦，而是看着我一点点喝下去。这半碗面条汤把我心中的内疚转化成爱意，我看到她那双美丽的大眼睛含着羞涩，却明亮无比。玉范把这碗她没喝完的面条汤当成爱的信物，但是我俩谁也没想到，这碗面条竟然把她的肝炎传染给我，过了很长时间她才知道这事。

　　我俩的定情物是一碗汤面，之后回到工地，继续考古实习，大庭广众之下，互相都没有多看对方一眼。回学校之后，我俩终于能手拉手在未名湖畔散步了。说来也怪，去未名湖这么多次，竟然一次也没碰到班里的同学和认识的老师。后来我主动求婚，但也没有现在年轻人这么浪漫，张玉范接受了我的求婚。在学校，我是老师，她是学生，双方保持一定距离，师生之中没有人知道，要不然怎么会有女生递情书给我。后来结婚的时候，老师和同学都很吃惊，调侃我俩："啥时候发展的啊？真会保密！干考古的善于发现蛛丝马迹，这回真让你们这块探方躲过了我们的发掘铲。"

1968 年，张玉范从北大考古系毕业了。她先去河南平顶山一个部队农场"学军"，大约一年半，接着又到新郑陵岗村插队一年半，后来正式分配到郑州博物馆。郑州博物馆的办公地点在碧沙岗公园里的北伐阵亡将士陵园，张玉范参加了大河村遗址的发掘，那件震惊世人的 5000 年前的彩陶双连壶，就是她和同事一片一片拼起来的。我和张玉范结婚时，她 24 岁，我 31 岁，算是大龄青年。我们领了结婚证，没搞婚庆仪式，只是给单位的同事发了喜糖，婚礼简单而朴素。我带张玉范回东赵老家见公婆，家里人十分高兴，但也没有办酒席。母亲见我领回来年轻漂亮的儿媳妇，对我小声说："我等着给你们带孩子！"

结婚以后，我们长期两地分居，我在北京，她在郑州。1973年，我们有了宝贝女儿，取名"李珣"，珣是美玉，女儿的名字里暗含张玉范的"玉"字。我们没想要两个孩子，怕养不好。李珣成了独生子女，小时候一直跟着奶奶。我常年在外搞田野调查、发掘，很少回郑州，有一次我回来了，奶奶叫李珣："爸爸回来了，快叫爸爸！"女儿打量我半天说："他不是咱家的人，出去！"当时我心里很难过，我不怪女儿，我亏欠她们母女俩太多了。

张玉范嫁给我，又要工作又要操持家务，而我奔走全国各地搞发掘。北京是我的家，永远留守的是张玉范，我一年在北京的家里待不了几天，妻子从无怨言，她越是这样，我越觉得愧对她。张玉范在退休前，已经是北京大学图书馆古籍部主任，工作十分出色。女儿由妈妈培养成长，后来考上北京第二外国语学院。

2022年8月16日，我和夫人应邀来到山西曲沃县，参观晋国博物馆。参观完博物馆，我们来到了考古工作队曾经的曲村驻地。院子里有一块大石头，上书"曲村之恋"，这是我写的，他们给刻在石头上。我指给妻子看，张玉范假装做出吃醋的样子，笑问："曲村之恋，这是跟谁恋呢？我得在这儿照个相，留个证据！"于是我拉起老伴的手，在"曲村之恋"石前合影。

▲ 2020 年，我与夫人张玉范在曲村合影

三 带学生考古实习

1961 年我从北大毕业，留校任教，遵从师命主攻商周考古，未及登上讲坛，即下田野考古。苏秉琦主任让我和邹衡、俞伟超、高明等几位老师，带领考古专业 1958 级学生到北京昌平的雪山遗址发掘。不但发现了相当于夏商时期的雪山三期文化遗存，还发现了西周时期遗存、东周时期的燕国墓葬。首次带队发掘就接触到大量青铜时代遗存，我对今后从事青铜时代考古研究树立了信心。

1962 年 9 月，我和高明、严文明老师带领考古专业 1959 年级学生到安阳殷墟发掘。殷墟是每个想研究青铜时代考古的人的向往之地。在 5 个月的时间里，通过参加殷墟大司空村商代遗址的发掘和资料整理，我对商代晚期考古学文化面貌有了较为全面的认识。

1963 年 9 月到次年 1 月，我带领考古专业 1960 级学生到河南，参加了偃师二里头遗址的发掘。当时的生活条件非常艰苦，但是二里头遗址规模宏大，文化遗存丰富，是探索夏文化和商汤亳都的重要研究对象。对二里头遗址的认识加上在殷墟实习的收获，在我心里逐渐形成了夏商周较为完整的考古学框架。

　　1964 年，我带 1962 级学生到河南安阳白璧公社考古实习。1964 ~ 1965 年，我又带学生去了安阳殷墟。"文化大革命"开始后，我被安排到北大哲学系学习哲学。

　　1971 年，北大考古专业准备第二年招收工农兵学员，于是把我从哲学系抽调回历史系。回到系里的首要任务，就是协助我的老师邹衡先生，为即将入学的第一批工农兵

◀ 1972 年 10 月，我（二排左一）带学生在北京房山琉璃河董家林考古实习

学员编写《商周考古》讲义，我负责撰写"序言"和"商文化"两部分。1972 年出了铅印本。此后，我又年年奔波在考古工地上。

1972 年，我和邹衡等老师带学生到北京房山琉璃河实习。发掘资料表明，这里是燕国最早的都城所在地。

1973 年，我带着学生赴石家庄、安阳、郑州、洛阳等地参观学习。

1974 年，我带北大 1972 级的部分工农兵学员前往江西，发掘清江县（今樟树市）的吴城商代遗址。我是第一次来南方，在吴城遗址竟然发现了商代青铜器，于是我写出论文《试论吴城文化》，提出了文化因素分析法，得到了著名考古学家夏鼐的认可。

1975 年，我带着学生远赴青海、甘肃，对青海乐都柳湾史前遗址、甘肃永登连城史前遗址进行考古发掘，发现了精美绝伦的彩陶。实习之后，我被派去参加北京郊区的农场劳动锻炼。

1976 年，我带考古专业 1975 级学生南下湖北，发掘湖北黄陂盘龙城商代遗址。

1977 年，我出席了河南登封告城遗址发掘现场会。

1978 年，我带学生到河北承德考古实习，参与整理在赤峰大甸子发掘的夏家店下层文化的墓葬资料，训练学生掌握类型学。

1979 年，北大又开始招考古专业学生，恢复专题实习。邹衡老师带领 1976 级的学生来到晋南，展开调查和试掘。在田野工作的后期，我有幸加入了这个队伍。

1980 年，我带学生到山西，对曲沃县的曲村—天马遗址（又叫"天马—曲村遗址"）进行发掘。邹衡老师说，这属于晋文化考古，我坚守这个课题，一直干到 2000 年。那些年，夏商周断代工程取得了阶段性成果，在曲村也发现了晋侯大墓。

1981 年，我带学生赴湖北孝感地区，调查当地的新石器和商周时期遗存。

1982 年，我带着学生，在安徽六安、霍邱、寿县一带进行考古调查和试掘。

1983 年，考古专业从北大历史系分出来，成立北京大学考古系。

值得一提的是，《商周考古》铅印本讲义，最后由邹衡先生执笔修改，于 1979 年由文物出版社出版。这是中国青铜时代考古领域的第一本系统教材，后来成为全国高校考古专业的通用教材。当时国内很多高校的考古专业开不出完整的商周考古课程，所以，1973 年和 1979 年，我应山东大学、南京大学之邀，为两校新成立的考古专业讲授商周考古课程。

◀ 1975年，我（右三）带学生
在青海柳湾考古实习时，摄
于瞿昙寺

▲ 1979 年，我（前排居中）带学生到曲村—天马实习，师生与
山西侯马考古工作站的老师们合影，前排左四是在北大进修
的吉林大学老师许伟

▼ 1980 年秋季，在山西曲村带学生实习时，与前来工地视察的
宿白先生等人合影。从左至右为蒋祖棣、吴振禄、宿白、叶学明、
李伯谦、孟爱华

▲ 1984年9月，我（二排左五）和刘绪（二排右五）、张辛（二排右一）老师带82级考古班、81级考古班部分同学，到山西曲村—天马遗址实习

四　丧母之痛

母亲生病，我回家看她，可没住几天，她就催我回去。她对家里人说，"让他走吧，他是公家的人"，母亲的这句话，是我心中永远的痛。

走出东赵去北京上大学，从学生变成讲师、教授，这些年我很少回家。内心愧疚，我就想办法一点一点弥补，比如工作之后多给家寄点钱，偶尔回来，给父母捎上点他们爱吃的酱牛肉。但是有一个大痛，已成为终生遗憾，那就是母亲逝世我不在身边。

我收到弟弟来信，得知老母亲生病了，请假赶回老家服侍，看到母亲躺在病床上痛苦的样子，我忍不住直流眼泪。在家没待几天，突然接到学校通知，要我赶到珠海去参加国家文物局组织的考古申报会，面对大病未愈的母亲，去还是不去，我犹豫不决。母亲看出我心神不宁的样子，便对我父亲说："他是公家人，他有事让他走吧！"不得已，我忍痛离开了家。谁知我离家不到一个礼拜，母亲就不治身亡，永远地离开了我们。

我在珠海开完会，回学校之后又赶到学生的实习工地时，得知了母亲去世的确切消息，我痛苦万分，母亲病逝，作为大儿子竟然不在身边。我在心里骂自己："你没尽孝啊！"我赶回家，进屋朝母亲的遗像三鞠躬。我对父亲说："你应该早点告诉我呀！"父亲说："她病重，我说叫你回来吧，她说，可别，别让他回来，他是公家的人。"我听得泪流满面。母亲生病，我没在床前伺候，母亲病故，我没尽孝，连最后一面也没有见，这是我永远的痛！

我的母亲是一个普通的农村妇女，但是她很伟大，她为李家奉献了一生。母亲的世界就是丈夫、儿子、老人，唯独没有她自己。我家还是中农的时候，她宁肯吃糠咽菜，也要接济更穷的村民和亲戚。后来我家被划为地主，因为受到惊吓和缺衣少食，母亲的身体明显变差，走路颤颤巍巍。当时粮食不够吃，她就挖野菜充饥；有空闲时，她就掐缠儿结草帽卖钱，补贴家用。在我的印象中，母亲永远拖着疲惫的身体，为全家的生活操劳着……

第四章

考古之路

一 田野调查的苦与乐

田野调查是考古人的一项重要工作。由于当时的历史条件，早些年我带学生进行田野调查时，发生过许多令人难忘的事情。

1963 年，我带学生到河南偃师二里头实习。河南的冬天又干又冷，寒风像刀片一样，发掘现场没遮没挡，手脚冻伤是常事。发掘告一段落，我带 4 个学生到周边搞调查。野外调查第一天，天早早就黑了，我们走到景阳岗村，找当地村长给安排个住处。村长打量着我们几个人，没好气地说："太晚了，上谁家去？你们住到放牲口草料的库房里吧！"一个学生恳求村长："您再考虑考虑，把我们安排到老乡家吧！"我见村长不吱声，就摆摆手说："不麻烦了，村长，带我们去库房吧！"于是，野外调查的第一个晚上，我和学生们和衣钻进草料垛。天气虽冷，几个人挤在草堆里倒还暖和，伴着干草的气味和牲口粪便的臭气进入梦乡。

第二天，我们抖落身上的干草，走出草料库房，长吸一口气，接着上路了。一个学生边走边开玩笑："咱们住草料堆，有点儿像林冲雪夜看守草料场，幸亏没人像陆虞候，把咱睡的草堆给点着，否则咱就成了烈士，墓碑上还得写：'北京大学考古系学生，某年某月因无处住，睡在牲口草料的库房里，阶级敌人纵火，同学们牺牲。'"另

▲ 我（右一）在考古发掘现场

一个学生也笑着说："我身上现在还有牛粪味儿呢！"睡草料堆还不算啥，后来我甚至在死人的炕上睡过觉。

1980 年春，北京大学考古教研室安排学生到山西曲沃的曲村实习，下半年进驻，事先要定下来具体的发掘地点。我是领队，带着山西考古所的王勇、吕进财、南京大学来北大进修的老师宋建，先行到当地调查选址。

那个时候农村没有饭馆，也没有点外卖的平台，我们都是走到哪个村子，就在当地的老乡家凑合着吃住，然后给人家一点钱。这次在山西，我们忙活了一上午，中午去公社食堂找点吃的。当地人一听说我们是干考古的，都不愿意接待。我找到公社副社长，特别说明，粮票和钱我们都有。副社长摆摆手说："过饭点了！"大家一看手表，才刚 12 点呀，副社长不耐烦地说"你们去找老队长"，说完扭头就走了。我们一行 4 人找到生产队队长。老队长说话也难听："你们又不是水利局的，人家会帮我们打井，也不是县里的领导，我们不得不接待，考古队员对我们有啥好处！"他还不忘埋怨上级公社："推哩，公社有食堂，咋不能管顿饭嘛！"看着我们困窘的样子，老队长又有点于心不忍，他灵机一动："好办，到老丁家去吧！他家老太太去世没几天，刚办过丧事，家里剩下的吃食兴许还有，你们去吧，我叫人通知他。"就这样，我们几个人来到老丁家，吃了几个当作供品的开花馒头，算是一顿午饭。

调查还需时日，我们又提出晚上住宿的问题。老队长说："就住老丁家，他家地方宽绰。"当天晚上，从野外跑回来的我们，被安排睡在老丁家西房的大炕上。宽敞是

▲ 1979 年，在山西侯马工作站整理调查资料

宽敞，可我们睡不着，老是嘀咕，这可能是去世没几天的老太太生前住的地方，一想到这儿就瘆得慌，于是干脆不睡，4个人打了一夜扑克，天一亮，又起身去搞田野调查了。

二　在曲村的日日夜夜

1980年，我带1977级学生赴山西曲沃县，在曲村进行考古发掘。那时的工作条件十分简陋，大墓太深，又没有机械设备送人上下，我和学生们只好将麻绳捆在身上，在阴暗的大墓里吊进吊出。这有点像现在清洗高楼大厦的"蜘蛛人"，但是后者有安保措施，考古人没有。一次我被吊出墓道时，腿一迈，扭伤了腰。因为出入墓坑很不容易，所以，当时我腰受伤后，又在墓坑里蹲了好几个小时。接下来的一个多月的发掘，因为腰伤严重，我只能弯曲90度下蹲。考古工作完成之后我才回到北京就医，医生说，我已经错过最佳治疗期，导致腰关节错位，从此我落下了腰疼的毛病。

1979年开始发掘曲村时，我还是个普通老师；1993年到曲村发掘晋侯大墓时，我已经是北京大学的考古系主任、教授，并且担任领队。那年冬天我带学生来曲村实习，天已降雪，摆在眼前的难题是墓坑太深，随葬品太多，实

▲ 1992 年 11 月 30 日，在晋侯墓考古发掘现场

习即将结束。为了抢时间、赶任务，我和同学在几米深的墓坑里盘起一座火炉，运煤生火，一来烘地，化开冻土，方便挖掘，二来取暖。虽然是急中生智，但也是无奈之举。"人间烟火"从三千年前的晋侯大墓里升起，那炉火伴随北大师生度过了又一个冬天。

▲ 晋侯墓地 M114 发掘期间合影。左起：孙庆伟、刘绪、原思训、
　李伯谦、吴小红

在我的考古生涯中，我最满意的就是在晋侯墓地的发掘。这是北大多年的实习基地，到 2001 年，一共发掘出 9 组 19 座晋侯及其夫人的墓葬，每一组墓葬我们都考证出了墓主人。晋侯墓地的发现是 20 世纪西周考古最重要的发现之一，它为确认西周时期晋国的始封地以及晋国历史研究提供了重要的实物资料。

在考古这条路上，我虽然历尽艰辛，但也拥有别人体会不到的快乐。回首几十年的田野考古，每一次发掘都充满了新鲜感，因为那是与千年乃至上万年的历史对话，与先人进行灵魂沟通，还能修正历史文献中的错误记载，实证泱泱大国的悠久文明史，对考古人来说，这是多么惬意的事情！

三 "夏商周断代工程"首席科学家

中国文明的起源不能空口说白话，必须走到田野中，亲自挖出来，运用文化因素分析方法确定遗迹、遗物的时代、性质和特点，然后综合起来分析它。通过考古发现和后期研究，我们才能知道我们的历史是怎么来的，才能认识到原来中国有这么悠久的历史，有了自信心，才能激发我们的创造性。

▲ 2003 年 10 月，参观北大师生正在发掘的陕西宝鸡周原遗址，
与雷兴山老师合影

　　在很长一段时间里，国外学者公认的中国历史的年代只能上推到西周晚期。一些国外学者认为，中国历史的确切纪年始于公元前 841 年，这一年也被称为"共和元年"，从这一年算起，中国历史只有 2800 多年，这与中华文明悠久的历史相差甚远。

▲ 1999年9月30日，"夏商周断代工程"的四位首席科学家合影。
左起：席泽宗、李伯谦、李学勤、仇士华

1996年5月，"夏商周断代工程"正式启动，著名
历史学家李学勤担任组长，碳十四测年专家仇士华、天
文学家席泽宗为副组长。我也是副组长，负责考古方面
的课题拟定和联络工作。

"夏商周断代工程"设了9个大的课题，涵盖历史文献、甲骨文、金文、天文、碳十四测年、考古等方面，每个大课题之下又分为几个专题，一共有20多个单位200多人参加。

我负责考古课题，同时负责与碳十四测年课题（由仇士华先生负责）的联络协调工作。列为考古专题的有早期夏文化、二里头文化分期与夏商文化分界、郑州商城的分期与年代测定、小双桥遗址的分期与年代测定、偃师商城的分期与年代测定、殷墟文化分期与年代测定、先周文化的研究与年代测定、丰镐遗址分期与年代测定、琉璃河西周燕都遗址分期与年代测定、曲村—天马遗址与年代测定、晋侯墓地分期与年代测定、西周青铜器分期、晋侯苏钟研究等。

在各专题研究进行中，根据新的发现，又陆续增加了陕西商洛东龙山遗址的文化分期与年代测定、新密新砦遗址的分期与研究、禹伐三苗综合研究等专题。针对先秦典籍和甲骨文中有关天象历法的记载，也设立了天文历法方面的专题，比如《尚书》里的"仲康日食"再研究、夏商周三代更迭与五星聚合研究、《夏小正》星象和年代。

夏朝年代问题是断代工程最重要的课题，但是如果在

▲ 1993年7月1月，在日本早稻田大学作"夏商文化的分布格局"学术报告，稻田耕一郎先生（右）翻译

▲ 1997年8月21日，观摩陕西商洛东龙山遗址出土的陶器

考古学上找不到夏时期的遗存，碳十四再精确也无能为力。专家组设置了与探讨夏文化有关的多个考古专题，做了大量工作，其中，登封王城岗河南龙山文化遗址的分期研究、新密新砦遗址的分期研究、郑州商城和偃师商城始建年代比较研究均有重大进展。

通过野外发掘和研究，确定了当时新发现的登封王城岗大城为禹时所建的阳城，其年代属于安金槐所说的河南龙山文化分期的第三期，碳十四测定该期年代为公元前2090 年至前 2030 年，正与从文献推定的夏之始年相当。与之相关的天文专题研究的结果，也皆在夏代纪年的范围之内。这就是说，无论从文献记载、考古发现、碳十四测定还是天文学研究，将夏的始年推定在公元前 2070 年前后是有根据的。夏年的确定，为夏商周三代年代研究和相关古史研究找到了一个定点，这是夏商周断代工程取得的最重要的成果之一。

不可否认，在"夏商周断代工程"的推进过程中，西方社会曾经质疑。2000 年我们公布了《夏商周断代工程 1996 — 2000 年阶段成果报告（简本）》，《纽约时报》随即发表一篇文章，叫作《中国：古老历史引发现代质疑》。我认为，要从两个方面看待相关质疑。从好的方面来看，这促使我们认真地进行研究，不断地解答我们不知

▲ 在北京大学考古文博院的办公室里（祁庆国摄）

道的问题；另一方面也看得出来，有些人是心怀不满，想看你的笑话。我觉得这都可以理解。我们需要把每一个结论是怎么得来的原原本本讲清楚，所以，"夏商周断代工程"结束后，我们又做了20多年。

每一个民族、每一个国家都要了解本民族的历史、本国的历史，通过考古，可以追溯我们的祖先是怎么来的，我们的国家是怎么建立的，这样才能把历史延长。如果连这都不知道，何谈今后的发展？

"夏商周断代工程"对我自己的研究也很有启发，那就是一定要走多学科融合发展的道路，跨学科或者多学科联合，发挥各自的优势。由"夏商周断代工程"开辟的多学科联合攻关的研究路线，经过 20 多年实践，如今已成为考古学通行的研究方法，对于考古学科的发展起了巨大的推进作用。

受到"夏商周断代工程"的启发，在工程后期，我和徐天进、朱凤瀚等人联名提出了开展"中华文明探源工程"的建议。

四 主持"中华文明探源工程"预研究

什么叫文明？什么叫国家？学术界有着不同的看法。西方学术界的主流观点认为，文字、冶金术、城市是文明诞生的标准，称作"文明三要素"。其实，对绝大多数地方而言，不能只用文字、青铜器、城市来作为文明认定的标准，古国阶段是从原始时代向阶级社会过渡的时期，刚刚出现贫富分化，有的可能有文字，有的根本没有文字。

关于文明诞生的标准，我认为，要从中国的实际情况具体分析。首先要观察它的社会是不是出现贫富分化，有没有高低贵贱之分，有没有宫殿或者大型建筑，如果有这些，就说明它已经开始分化，有了等级的差别，也就有了文明的迹象。中国考古学对文明的认定标准，打破了西方考古学的一些传统观念，越来越多的人认为，中国的研究方法是实事求是的。

▲ 1997 年 5 月 3 日，在河南荥阳平陶古城察看东城墙夯土

我觉得，考古发掘不能局限在夏商周，应该进一步追溯中华文明的源头。根据《史记》作者司马迁所讲，上古有五帝，也就是黄帝、颛顼、帝喾、尧、舜，之后大禹建立夏朝，进入三代。如果以夏为基础再往前追，有可能找到文明更早的源头。

2001 年，科技部责成我、中国社会科学院考古所的王巍院士、北京大学的赵辉教授，共同负责"中华文明探源工程"（以下简称"探源工程"）的筹备工作。研究中华文明的起源与形成，所涉及学科、研究难度比"夏商周断代工程"复杂得多，为了慎重起见，从 2001 年年末到 2003 年年底，我们进行了"探源工程"的预备性研究。

▲ 2001 年，考察河南巩义花地嘴遗址

"探源工程"的预备性研究设置了以下课题：古史传说和有关夏商时期的文献研究、上古时期的礼制研究、考古遗存的年代测定、考古学文化谱系研究、古环境研究、早期金属冶铸技术研究、文字与刻符研究、上古天象与历

▲ 2009 年 11 月 19 日，与王幼平老师在河南新郑唐户考古队员驻地

法研究、聚落形态所反映的社会结构、中外古代文明起源的比较研究。当时有相关学科的数十位学者参加。

经过两年多的研究，取得了一些成果，主要是传说和文献整理研究、文字与刻符的整理、上古天文与历法研究等课题。通过考古发掘，我们初步推定，山西襄汾的陶寺遗址就是文献记载的"尧都平阳"所在地，尧也被证实是存在的。在陶寺遗址发现了一座280万平方米的古城，有两重城垣，还有古观象台，测定其年代是4100多年前。预研究为全面开展"中华文明探源工程"奠定了基础。

经过几十年的考古发掘和研究，我对中国历史有了更深的感悟，主要包括三个方面，即中华文明演进的三个阶段、神权和王权两种模式、中国文明化历程对当下社会主义建设的八点启示。

中华文明有三个特点：第一，不同地区分别出现了不同的文明因素；第二，中国文明起源时代在龙山时期；第三，中华文明的发展趋势是多元一体，它也包括了汉族之外的一些兄弟民族所创造的文化。不同的民族都有自己的文化，在长期共存发展过程中一步步向前走，其中起领导作用的是中原地区的华夏文明。

中国文明演进分为三个阶段，即古国—王国—帝国阶段。中国文明演进主要分为两种模式。

▲ 2011 年 8 月，与王幼平在河南郑州老奶奶庙旧石器遗址

　　红山文化、良渚文化大致产生于同一时期，由神权主导，因在祭祀方面消耗了大量的社会财富而先后中断。而突出王权的仰韶古国与前两者截然不同。位于中原地区的仰韶古国，既没有红山古国的坛、庙、冢的辉煌，也没有良渚古国的大型城址、大型祭坛、贵族坟山以及用数十件甚至上百件玉器随葬的张扬。仰韶古国具有三大特点：第一，没有造成社会财富的极大浪费，从而保证了社会的正常运转和持续发展的可能；第二，掌握军权、王权的仰韶

古国的王，虽然对自然神祇心存敬畏，也有祭祀，但主要是崇敬先祖，通过祭祀祖先求得庇佑和治世良策，因而不会像红山、良渚古国掌握神权的巫师那样随心所欲，靠神的意志实行对国家的治理；第三，仰韶古国的王比较接近民间社会，因而能够采取较为符合民众和社会需求的措施。考古材料表明，继仰韶文化之后的中原龙山文化，文明的脚步没有停止，也没有迂回，而是继续向前，又推进到一个新的阶段。

良渚文化、红山文化与仰韶文化两种文明模式的不同命运告诉我们，唯有选择正确的模式，走正确的道路，文明才能够持续、健康地发展。

2001年我参与主持"中华文明探源工程"预研究，到2023年，"探源工程"已经进入第五阶段。"探源工程"有两大特点：一是参与学科多，涉及考古、历史、物理、化学、天文、地质、生物等大约20个学科；二是参与人数多，直接参与的学者约有400位。在这期间，良渚、陶寺、石峁、二里头等都邑性遗址的发掘和研究均取得了重大进展。

另外，河南巩义的双槐树遗址距今5300年左右，伊洛河在此附近汇入黄河，其时间节点和地理位置非常重要。双槐树遗址的面积超过110万平方米，发现了三重环壕、大型建筑基址、墓葬和祭祀遗存，这里应该是黄帝部落活动的核心区域。古国、王国、帝国阶段是考古学对中国历史的一种划分，双槐树遗址所代表的时代已经进入古国阶段，因为它位于河洛地区，所以被命名为"河洛古国"。

与几十年前的考古学相比，现在的考古学已经发展成研究人类社会历史的新学科。正在如火如荼开展的"探源工程"，不仅有碳十四测年的介入，还有 DNA 分析、食性分析、环境分析等科技手段的运用。

"中华文明探源工程"的最终目的，是进一步构建中华五千多年文明史的发展过程。世界万物都有根，一个民族有没有根？我认为有，但是你得去找，得把历史发展的线索弄清楚。每个民族、每个国家都需要有自己实实在在的历史，把它弄清楚，才能拥有文化自信。

2015 年摄于家中（李金华摄）

2015 年摄于北京昌平九鼎山庄（李金华摄）

2021 年 10 月摄于三门峡"中国现代考古学诞生 100 周年纪念大会"（李贺摄）

2015 年摄于北京昌平九鼎山庄（李金华摄）

下 篇

考古感悟

第五章

曲村是我永远不能忘怀
的地方

　　20 世纪 60 年代初，国家文物局组织的侯马晋国遗址考古大会战，揭开了从考古学上探索晋国历史的序幕。1963 年，北大历史系考古教研室主任苏秉琦和山西省文管会副主任张颔商定，接收北大考古专业学生到曲村三张古城（即后来的侯马古城）进行毕业实习，北大指定青年教师高明总负责，山西派出从北大毕业参加工作不久的张万钟担任实地辅导，从此，北大和山西便开启了至今已近半个世纪的合作探索晋文化之路。近五十年来（编者按：本文发表于 2012 年），我们在这条路上，虽历尽艰辛，但也不时品尝到别人难以体会的欢快和喜悦。回溯这一历程，作为一名已有 33 年队龄的合作团队的一员，我感到十分欣慰，我可以毫不夸张地说：我们前进了，我们还将沿着这条路继续前行，去争取新的成果。

　　1963 年秋天的实习，北大 4 名学生任常忠、胡仁瑞、辛占山和白云哲在张万钟先生带领下，围绕三张古城做了调查，并对三张古城进行试掘。城墙分土包含的陶片证明，古城的时代不晚于战国，而城墙叠压着的文化层早的可到西周晚期，晚的约为春秋。同类的文化层在附近的曲村和天马都有分布。这是侯马考古发掘证明"侯马晋文化遗址是晋景公所迁的晋国最后的都城新田"之后，确定的又一处重要的晋文化遗址。短短不到三个月的时间，同学们又经受了一次实战锻炼，也为晋文化考古提供了新的线索。

1966年开始的"文化大革命"，打破了苏秉琦和张颌两位先生原定的联合探索晋文化的部署，但没有摧毁大家坚持学术研究的信念。1979年，当北大又开始招生、恢复专题实习之后，邹衡先生又带领76级毕业班的何勇、吕智荣、阿不里木、张金茹、翟良富、杨亚长、刘超英等同学来到晋南，在1963年工作的基础上开展更大范围的调查和试掘。田野工作的后期，我也有幸加入这个队伍。这次实习，山西省里派出了有丰富田野考古经验、长期在侯马考古工作站工作的吴振禄担任辅导。吴先生是我的学长，在北大读书时就认识，这次合作当然更加愉快舒畅。另外还有技工马刚和吕剑峰协助工作，翼城县博物馆也派出赵士元和青年人李兆祥给予配合，在北大进修的吉林大学教师许伟自始至终参加了辅导工作。

这次考古实习参加的人多，时间较长，取得的主要收获如下：第一，确认该处遗址东到天马，西到曲村，北到北赵，南抵滏河，是迄今山西境内发现的最大的晋文化遗址；第二，在曲村北面发现了大规模的晋文化墓地，发掘11座西周墓葬，内有铜器墓1座；第三，在此遗址范围内发现了仰韶文化、龙山文化、东下冯类型文化遗存；第四，提出了晋系文化从西周至战国连续7个阶段的分期标尺，极大地推进了晋文化研究的深入。这些成果在邹衡先生主笔的《翼城曲沃考古勘察记》一文有详细报道。

曲村—天马遗址的发现和初步工作的成果，很快在考古界引起了反响，大家都注意到该遗址对于研究晋文化的重要性。北大从培养学生角度考虑，也认为该遗址堆积厚、文化多样、内涵丰富，是培养田野考古能力极好的实习基地。于是，双方签订长期合作协议，借助北大考古专业本科生实习，扩大发掘面积，希望有新的突破。根据协议，很快成立了由双方人员共同组成的曲村—天马考古队，制订了长期工作和研究规划。1980年、1982年、1984年、1986年、1988年、1989年对居址和曲村北墓地的发掘，以及从1992年至2001年多达7次的晋侯墓地的发掘，都是在这一规划思想指导下进行的。

在断断续续长达二十多年的田野发掘中，北京大学先

▲ 2004 年 9 月，"北京大学考古系 1982 级同学山西曲村考古实习 20 周年纪念会"在曲村考古工作站举行，特此立碑，以志纪念。碑名"走向田野"是张辛老师墨宝，碑文是该班同学王连葵所撰

后有邹衡、李仰松、李伯谦、王树林、高崇文、权奎山、刘绪、蒋祖棣、苏哲、张辛、王迅、徐天进、孙华、吕文渊、靳丽伟、方月妹、杨哲峰、雷兴山、孙庆伟等近 20 位教师和工作人员来到曲村，山西省文管会（后又成立考古研究所）参加发掘的有叶学明、罗新、吕剑峰、王勇、杨林中、马刚、梁子明、田建文、李夏廷、张奎、商彤流、张崇宁、吉琨璋等十多位同志，此外还有在北大进修、来自南京大学的宋建，特地请来参加辅导的内蒙古考古所的吉发习等先生，以及曲沃县文物部门的杨满堂、席为民、孙永和等同志，参加实习的本科生、研究生、培训班学员、进修生、外国留学生等多达五六个班次，有 200 多人。

大家栉风沐雨，不畏寒暑，一心扑在工作上，留下了太多的感人事迹。担任领队的邹衡先生，为了抓紧时间整理发掘资料编写报告，1993 年春节连家也没回，一直坚持住在工地。作为山西省考古研究所代表，担任副领队的叶学明先生的家不在侯马，也不在太原，而在北京的大兴。为了辅导学生、保障考古队各项工作的顺利运转，只要是开工期间，只要有实习的学生在，他一次也没有回过家。

曲村考古队成了一个大家庭，大家在一起热热闹闹，推心置腹，无话不谈，经常交换看法，切磋学术，其乐融融。但不必讳言，由于站的角度不同，考虑问题的侧重点不完全一样，有时也难免产生矛盾，甚至有过争执，但双方都能做到换位思考，从大局出发化解分歧。

北大考古系和山西省考古研究所领导换过好几任，每一任领导都要来工地，或者参观指导，或者帮助解决困难，以保证工作的顺利进行。正是由于双方领导的重视、双方队员的相互信任与友谊、实习同学们的热情好学，才使得晋文化考古不断有新发现，不断有新的研究成果问世。

从 1980 年到 1998 年，曲村考古队在邹衡先生的领导下，共揭露面积 16506 平方米，发现各时期房址 6 座、灰坑 263 个、陶窑 9 座、灰沟 16 条、道路 1 条、水井 8 口、墓葬 832 座、祭祀坑 58 个、车马坑 14 座、从葬坑 1 个，其中绝大部分为西周时期遗存。这些发现已全部收入邹衡先生主编、凝聚着曲村考古所有参加者心血的《天马—曲村（1980 — 1989）》考古发掘报告。这是我国考古学史上除殷墟考古系列发掘报告之外，体量最大、内容最丰富的一部考古发掘报告。这部报告以大量的材料证明，曲村—天马遗址是又一处晋国都城，而且是西周时期的晋国都城，这无疑是晋文化探索的重大突破。

20 世纪 80 年代，我们发掘的墓葬无一座被盗。但就在 80 年代末至 90 年代初，盗墓之风也"吹"到了曲村，在北赵村南，有人盗出了积石积炭的大墓，于是，同盗墓恶行作斗争成了考古队头等重要的任务。我还清楚地记得，山西省考古研究所的田建文风风火火地从太原赶回曲村，告诉邹先生他听到的盗墓的消息；邹先生趁去洛阳开会的机会，通过林小安向国务院反映盗墓的情况；在西安举办的全国文物工作会议上，时任山西省文物局局长张希舜和时任北大考古系主任的我同国家文物局领导研究对策；刘绪老师和我同参加盗墓的人面对面谈话；国家文物局当机立断批准抢救性发掘……

从1992年至2001年初，晋侯墓地的发掘进行了7次，共发掘出晋侯及夫人墓9组19座，还有陪葬墓、车马坑和几十座祭祀坑。根据墓葬排序、墓坑和墓道形制变化、墓坑填土积石积炭的有无与多少、祭祀坑的有无与多少、随葬品组合及形制花纹的变化，青铜器铭文的有关内容，发掘者将9组晋侯及夫人墓排出了先后次序，确定其为从晋国第二代国君燮父至第十代文侯共9位晋侯及其夫人的墓葬。这是迄今西周考古最重大的发现，它不仅证实了司马迁《史记·晋世家》关于晋国世系记载的正确，复原了西周晋国的历史，还为西周考古提供了更为准确的分期标尺。1993年、1994年，该墓地的发掘连续两年被评为当年十大考古新发现。2007年，山西省考古研究所吉琨璋主持晋献侯附属车马坑（北赵1号车马坑）的发掘，48辆车、103匹马及装甲（铜片）车的发现，成为学术界关注的热点。

▲ 2008 年 4 月，在晋侯墓地 1 号车马坑发掘现场

▲ 2008 年 4 月，与吉琨璋在侯马工作站库房观摩出土铜器

2001 年之后，曲村考古的工作重点转入室内，主要是整理资料、编写报告。事实上，晋文化探索的课题一直在进行：一是吉琨璋主持了曲沃羊舌春秋晋侯墓地的发掘，二是田建文对"叔虞封唐"之唐地的调查。这两项工作北大虽未参加，但我们不断通报情况、交流看法。2007 年，北大考古文博学院、山西省考古研究所、台湾"中央研究院"史语所三方合作，在临汾盆地东缘进行了一次以"晋地商代晚期方国文化与周初唐邑的考古学探索"为主题的考古调查，参加人员有台湾"中央研究院"史语所的李永迪、山西省考古研究所的吉琨璋和田建文、北大博士生冯峰和韩巍，这是一次探索早期晋文化颇有收获的合作。

在这里还要特别提到在探索晋文化历程中的三次重要学术会议。

1985 年 11 月，在侯马召开"晋文化研究座谈会"。会上苏秉琦先生作了《晋文化研究问题》的报告，他指出，应将晋文化放在更大的时间和空间背景下，从作为中原地区古文化的一部分、北方古文化的一部分、北方与中原两大古文化区间的枢纽部分的角度开展研究，并将其浓缩为"华山玫瑰燕山龙，大青山下斝与瓮，汾河湾旁磬和鼓，夏商周及晋文公"的诗句，为晋文化研究的深入指明了方向。会上，邹衡先生和我分别介绍了在曲村—天马遗址工

▲ 1985年，我（二排右一）和苏秉琦（前排左）、张政烺（前排右）、
邹衡（二排右四）等先生参加"晋文化研究座谈会"

作的情况。当时我们的发掘还在进行中，处于材料积累阶段，用邹衡先生的话说，就是对这些材料还来不及消化，对早期晋文化的认识还不成熟，但充满了信心。

1994 年 8 月，正当晋侯墓地的发掘如火如荼进行中，由山西省考古研究所举办的"汾河湾—丁村文化与晋文化考古学术研讨会"在太原举行。会议期间，主办方安排与会专家学者参观侯马、曲村考古发掘工地。在晋侯墓地观摩会上，刘绪和罗新代表曲村考古队向与会专家学者介绍了正在发掘中的晋侯墓地以及初步的研究成果，得到热烈响应，许多学者在提交的论文中，对新发现进行了深入的探讨。

2002 年 5 月，为了庆贺上海博物馆建馆五十周年，上海博物馆组织了"晋国奇珍——山西晋侯墓群出土文物精品展"，展品包括在晋侯墓地考古发掘出土的部分文物、上海博物馆从境外抢救回来的文物、曲沃博物馆收藏的当地公安局追缴回来的文物，还有境外藏家收藏的文物。这是晋侯墓地出土文物的盛大聚会，轰动一时。通过这次展览，社会公众集中领略了西周时期晋国青铜器、玉器的艺术风采。

同年 8 月，在上海博物馆召开了"晋侯墓地出土青铜器国际学术研讨会"，这是一次检阅晋侯墓地发掘和研究成果的会议，上海博物馆老馆长马承源，北大、山西参加晋侯墓地发掘和晋文化研究的邹衡和我、刘绪、徐天进、孙华、张庆捷、商彤流、张崇宁、田建文、吉琨璋、张奎等提交论文，并作了发言。我们提出的关于晋侯墓地排序与《史记·晋世家》的对应关系，得到了与会学者的普遍认同。

▲ 1994 年 11 月访问台湾。左起：徐政夫、汉宝德、李伯谦、马承源

　　2009 年春，以曲村—天马遗址为依托的晋国博物馆开始建设。同年 4 月，在山西曲沃召开"晋文化论坛——曲村遗址发掘卅周年纪念会"，国内外学者云集，围绕晋

文化探索的主题，进行了很有意义的探讨。值得一提的是，这次的"走进考古 触摸文明——曲村晋都遗址发现与解读"公益讲座，吉琨璋和郑媛两人以对谈与大屏幕影像展示相结合的方式，向公众宣讲了晋国历史和晋文化考古的重大发现，将神秘的考古学推到公众面前。其后不久，晋国博物馆奠基开工。2014年10月1日，一座现代化的遗址博物馆——晋国博物馆正式对外开放，它以多座晋侯下葬的墓穴和宏大壮观的车马方阵以及精美的文物，向前来的观众诉说着祖先的历史。

作为考古工作者，几十年孜孜以求探索晋文化的努力没有白费，凝聚着几代探索者心血的成果能以各种方式展现出来——包括在山西博物院、晋国博物馆、北大赛克勒考古与艺术博物馆的展示，而且通过考古实习，一批又一批的青年考古学者成长起来，这些都让我们倍感欣慰。当然，探索之路没有止境，合作探索的接力棒还会一棒一棒传递下去。

（李伯谦执笔。原载《中国文化遗产》2012年第4期，文章名《回望曲村——山西晋文化墓地发掘历程》，收入本书时略有修改）

第六章

黄帝文化与中国古代
文明起源

　　黄帝是汉代司马迁《史记·五帝本纪》中的第一位帝
王，号称中华民族的人文始祖。至少从西汉以来的两千多
年间，人们笃信不疑，无人提出异议。20世纪20年代疑
古思潮兴起之后，黄帝是否确有其人其事，在学术界引发
争论。

　　一个民族、每一个国家对自己的历史都有着浓厚的兴
趣。对历史的记述和研究大体有三个系统：一个是从口耳
相传到文字记述的文献史学系统；另一个是从社会发展角
度切入，从摩尔根的蒙昧—野蛮—文明到马克思的原始社
会—奴隶社会—封建社会—资本主义社会……的社会学系
统；再一个就是以田野调查发掘为基础，近代考古学诞生
以来依据生产工具质地的不同而划分为旧石器时代—新石
器时代—青铜时代—铁器时代的考古学系统。三个系统兴
起和形成的时间有先后，观察问题的角度有侧重，所作论
断也会有一定的差异，但三者研究的对象都是人、人类社

会及其演进的过程。这就决定了三者在研究中，只要遵循实事求是的原则，就会产生交集，甚至殊途同归。

《史记·五帝本纪》和与之相关的文献属于文献史学系统，由于其始于口耳相传的传说，有些记载不一致，甚至相互矛盾，尽管如此，仍可从中获取有关黄帝及其活动的有价值的信息。

——黄帝不是一个具体的个人，而是一个族的称号；黄帝不是只有一世，而是有好多世，甚或十世、十八世；黄帝不是在位几十年，甚或几百年、两千五百多年（见许顺湛《五帝时代与考古学文化宏观对应的研究》，《华夏文明》2016 年第 5 期）。

——"黄帝"一名见于战国铜器陈侯因兹敦。此外，《史记·周本纪》记载，周灭商后，"武王追思先圣王，乃褒封神农之后于焦，黄帝之后于祝，帝尧之后于蓟，帝舜之后于陈，大禹之后于杞。"这表明，黄帝的传说不仅流行于战国，甚至可以早到商末周初。

——黄帝继神农氏而起。《商君书·画策》云："神农之世，男耕而食，妇织而衣，刑政不用而治，甲兵不起而王。神农既没，以强胜弱，以众暴寡，故黄帝作为君臣上下之义、父子兄弟之礼、夫妇妃匹之合，内行刀锯，外用甲兵，故时变也。"《史记·五帝本纪》云："轩辕之时，神农氏世衰。诸侯相侵伐，暴虐百姓，而神农氏弗能征。于是轩辕乃习用干戈，以征不享，诸侯咸来宾从……乃征师诸侯，与蚩尤战于涿鹿之野，遂禽（擒）杀蚩尤。""北逐荤粥，合符釜山，而邑于涿鹿之阿……以师兵为营卫。官名皆以云命，为云师……举风后、力牧、帝先、大鸿以治民。"表明当时社会发生了重大转折，建立了行政、军事机构。

——黄帝时多有发明创造。《世本·作篇》写道："黄帝使羲和作占日，常仪作占月，臾区占星气，伶伦造律吕，太（大）桡作甲子，隶首作算数，容成作调历"，使"沮诵、仓颉作书，沮诵、仓颉为黄帝左右史。"另据《史记·五帝本纪》，黄帝"治五气，艺五种"，"时播百谷草木，淳化鸟兽虫蛾"，发明了宫室、舟车、杵臼、耒耜、铫锄、弓矢、衣裳、釜甑。

——司马迁在《史记·五帝本纪》中说："余尝西至空桐，北过涿鹿，东渐于海，南浮江淮矣，至长老皆各往往称黄帝、尧、舜之处。"这表明，传说中的黄帝活动地域是以中原为中心，并且扩展到黄河上、下游以及淮河流域、长江流域。

——《史记·五帝本纪》虽采用五帝为"黄帝、颛顼、帝喾、尧、舜"之说，但其他文献还有"少昊、颛顼、帝

1994年11月28日，我（前排右一）和俞伟超先生（前排左二）访问台湾"中央研究院"史语所，与石璋如（前排左三）、张光直（前排左四）、管东贵（前排左一）、王汎森（后排左三）、臧振华（后排左一）等先生合影

喾、尧、舜""黄帝、少昊、帝喾、帝挚、帝尧"诸说。
上述诸说中，前儿位有所差别，但最后两位多主尧、舜，
说明"五帝"的说法虽有差异，但接续最后一帝的都是禹，
即夏的开国之君。

从以上文献史学有关记载的梳理，摒除荒诞不经的成
分，可以知道，黄帝不是具体个人的称号，而是一个族的
名称；黄帝族氏延续的时间不只是几十年、几百年，甚至
是上千年；黄帝是继神农氏而起，神农氏往上的社会处于
基本平等的状态，自黄帝开始，进入社会复杂化、阶级形
成、战争频仍、生产发展、文明初现的时代；继而经过传
说中的颛顼、帝喾、尧、舜的进一步发展，至禹接受舜的
禅让而建立夏朝开始，社会由几个部落首领联合执政的政
治体制转变成王位世袭的专制王国，开启了以夏朝为标志
的历史演进的新阶段。

以田野调查发掘为特征、通过遗迹和遗物来研究历史
及其演变规律的考古学，自 20 世纪 20 年代传入中国，经
过几代学人的不断努力，重大发现层出不穷。以中华文明
起源的核心地区——中原地区的新石器时代考古为例，已
经发现了距今 10000 年左右、以河南新密李家沟遗址为代
表的李家沟文化，距今 9000 年至 7500 年、以河南新郑裴
李岗遗址为代表的裴李岗文化和以河北武安磁山遗址为代

表的磁山文化，距今 7500 年至 5500 年、以陕西西安半坡遗址为代表的仰韶文化半坡类型，距今 5500 年至 4300 年、以河南三门峡庙底沟遗址为代表的仰韶文化庙底沟类型，距今 4300 年至 3900 年、以河南洛阳王湾遗址为代表的河南龙山文化（王湾三期文化）。从年代序列来看，其间绵延不断，基本没有缺环。

从遗址规模来看，自仰韶文化庙底沟类型开始，陆续出现分化，超百万平方米、几十万平方米、几万平方米的遗址应有尽有。一些大型、超大型遗址中，出现了像郑州西山遗址、巩义双槐树遗址那样的设防城墙和壕沟，出现了像陕西华县泉护村南台地遗址、甘肃秦安大地湾遗址、河南灵宝铸鼎原西坡遗址那样的大型建筑基址和大墓。进入河南龙山文化阶段，山东龙山文化、湖北屈家岭—石家河文化、内蒙古和陕北的大口二期文化均出现设防的城址，城址和壕沟雨后春笋般涌现。在经济生活方面，动物的驯养、植物的培育达到了新的水平，储藏粮食的窖穴随处可见；在精神文化生活方面，反映宗教崇拜和装饰的小陶塑、陶环、玉器等被多次发现。

距今 10000 年左右的李家沟文化属于新石器时代早期文化，磨制石器逐步代替了打制石器，农业刚刚出现，定居成为新的栖居形态。距今 9000 年至 7500 年的裴李岗文化、磁山文化以及距今 7500 年至 5500 年的仰韶文化半坡类型，属于新石器时代中期文化，农业代替采集成为主要生产部门，出现独立手工业，而且手工业内部有了分工，彩陶烧造日趋繁荣，玉器、骨器等精神文化产品有了专门的制造，出现了单人葬、多人合葬、瓮棺葬等多种墓葬形式。距今 5500 年至 4300 年的仰韶文化庙底沟类型属于新石器时代晚期文化，此时聚落分化，冲突加剧，战争频仍，社会激烈动荡。距今 4300 年至 3900 年的河南龙山文化属于新石器时代末期文化或铜石并用时代文化，社会处在重大转型当中。

▲ 1994 年 11 月访问台湾"中央研究院"史语所，28 日与石璋如先生合影

▲ 1994 年 11 月访问台湾"中央研究院"史语所，26 日与张光直先生合影

　　考古学上发现的遗迹、遗物是人和人类社会各种活动的遗留。苏秉琦先生从社会演进的角度，将距今 5500 年至 4300 年称为"古国阶段"，以红山文化牛河梁遗址的坛、庙、冢为代表。1985 年，他在辽宁兴城考古座谈会上所作的《辽西古文化古城古国——试论当前考古工作重点和大课题》（刊于《辽海文物学刊》1986 年创刊号）报告中指出："古国指高于部落之上的、稳定的、独立的政治实体……是我国早到五千年前的、反映原始公社氏族部落制的发展已达到产生基于公社又凌驾于公社之上的高一级

的组织形式。"与红山文化牛河梁遗址处在同一发展阶段的，还有以安徽含山凌家滩遗址为代表的凌家滩古国、以河南灵宝铸鼎原西坡遗址为代表的仰韶古国，这些所谓"古国"，其发展程度大体相当于西方学术界所说的"酋邦"。由于"古国"一词缺乏确切的含义，我建议将这一特定发展阶段的社会形态称为"酋邦"。

苏秉琦先生将高于古国的称为"方国"。方国其实就是王国，是真正科学意义上的国家。王国的出现是强制性权力高度集中和膨胀、暴力使用泛滥带来的结果，其标志是斧钺等专门武器的大量存在和使用、设防的大型城址的涌现以及随处可见的非正常死亡现象。最早出现的王国，长江下游以良渚城垣、祭坛、高等级墓葬、大型水利设施和统一的神徽为代表，黄河流域以山西襄汾陶寺古城、宫殿、观象台、铜制品等为代表。如果说良渚、陶寺是王国的第一个小阶段，进入历史时期以后，夏、商则是王国阶段的第二个小阶段，西周、东周是第三个小阶段，至公元前221年秦始皇统一中国、建立帝国，历史便进入了权力高度集中的帝国阶段，直到1911年辛亥革命推翻清王朝才结束。

考古学、社会学和由口耳相传到文字记载形成的文献史学，尽管观察角度不同、侧重点不同、使用材料不同，但都是对中国古史所作的梳理和概括，在实事求是的基础上，运用恰当的方法，是可以互相印证和对应的。1996年启动的"九五"期间国家重点科技攻关项目"夏商周断代工程"，对夏史和夏年的研究就是一次很好的尝试。

文献记载夏有 14 世 17 王，统治时间 471 年（或 472 年），文献史学家以夏商分界之年——公元前 1600 年为起点，将夏朝始年定为公元前 2070 年。考古学家以文献"禹都阳城"之阳城在登封为据，推定登封王城岗大城就是阳城，以其为代表的遗存是最早的夏文化。考古学家还以"太康失国""后羿代夏"记载为据，推定新密新砦期遗存就是"羿浞代夏"时期的夏文化；以"少康中兴"记载为据，推定二里头文化就是少康中兴直到桀亡的夏文化。考古学家还运用碳十四测年技术，测定王城岗大城的年代上限不晚于公元前 2100 年至前 2055 年（或公元前 2110 年至前 2045 年），下限不晚于公元前 2070 年至前 2030 年（或公元前 2100 年至前 2020 年），其中值约为公元前 2055 年，这与据文献推定的夏之始年基本相符（见李伯谦《"禹都阳城"新证迹》，《文明探源与三代考古论集》，文物出版社，2011 年）。运用同样的方法和研究路径，我们还推定，襄汾陶寺遗址就是文献所记"尧都平阳"所在地（见李伯谦《略论陶寺遗址在中国古代文明演进中的地位》，《帝尧之都 中国之源——尧文化暨德廉思想研讨会文集》，

▲ 1998 年 3 月 18 日，和许倬云（右）、徐苹芳（中）先生在一起

中国社会科学出版社，2015 年）。

　　既然推定夏朝始年为公元前 2070 年，那么，从两个途径即可大体推出黄帝时代开始之年。一条途径是将夏朝始年加上传说的黄帝、颛顼、帝喾、尧、舜五帝之年。以上诸帝在位之年传说不一，前文所引许顺湛《五帝时代与考古学文化宏观对应的研究》一文已作过研究，他选定"黄帝 10 世 1520 年，颛顼 9 世 350 年，帝喾 10 世 400 年（包括尧），帝舜 1 世 50 年"，合计 2320 年，加上夏朝的 2070 年，黄帝时代开始之年便是距今 4390 年。但是，帝喾 10 世 400 年将尧年包括其中似不可为据，因为汉代

《春秋命历序》明言"帝喾传十世乃至尧"，尧不应该包括在帝喾年世内。汉代《易纬稽览图》即言"尧一百年"，加上尧年，则黄帝时代开始之年应为距今4490年。另一条途径是将从神农到黄帝期间社会发生重大转型的文献记载，与从仰韶文化半坡类型到庙底沟类型之间的显著变化相对应，参考碳十四测年结果，推定这一社会重大转型的年代应在距今5500年至4300年范围内，取其中值为距今4900年，这与从口耳相传到文献史学推定的年代较为接近。

通过上述分析可以看出，中华文明起源研究是一项系统工程，需要相关学科的共同参与。考古学上的一系列重要发现和研究成果是主要的立论根据，但是，《史记·五帝本纪》等记载的包括黄帝在内的有关传说，剔除荒诞不经部分之后，仍是含有史实元素的有价值的史料，是不可替代的，将其与考古材料进行比对研究，可以得出最接近事实的论断。

（李伯谦执笔。原载《光明日报》2017年8月26日第11版，文章名《黄帝时代的开始——黄帝文化与中国古代文明起源研究》，收入本书时略有修改）

第七章

在考古发现中寻找大禹

关于大禹，过去一直认为，他是一个传说中的人物，大禹创立的夏王朝，可能是靠不住的。那么，大禹的记载是信史还是纯属杜撰，这是今天我们要讨论的第一个问题。

过去对传说时代的看法，是传说归传说，见于文献记载的历史归历史，考古归考古，研究文化人类学、社会学的那又是另一种方法。对大禹以及夏王朝的研究，我有新的看法，那就是必须把以下三个系统结合起来：第一个系统是从口耳相传到文字记载的文献史学；第二个系统是考古学兴起以后，从考古发掘的遗迹、遗物来进行研究的考古学系统；第三个系统是摩尔根《古代社会》阐述的从蒙昧、野蛮、文明，到马克思讲的原始社会、奴隶社会、封建社会等，也就是人类学、社会学系统。必须把上述三者结合起来，我们才能做出一个比较恰当的结论。

▼ 1978 年夏，参加在江西庐山召开的"江南地区印纹陶问题学术讨论会"，合影于鄱阳湖含鄱口。左起：李伯谦、李仰松、严文明、邹衡

▲ 1978 年夏，参加在江西庐山召开的"江南地区印纹陶问题学术讨论会"。左起：安志敏、严文明、邹衡、李仰松、匡瑜、张忠培、李伯谦

几乎所有的先秦古籍对大禹都有记载，彼此之间也不完全一样。到了西汉司马迁作《史记》，其中《五帝本纪》之后第二篇就是《夏本纪》，司马迁根据他看到的文献记载，结合他听到的传说，完成了《夏本纪》。我认为，从口耳相传的传说到《五帝本纪》之后的《夏本纪》，究竟可靠不可靠，需要与考古学发现、研究成果互相比对、校正，还要参考社会学、人类学研究的成果，最终作出判定。

根据先秦古籍和《夏本纪》的记载，夏王朝从大禹开始，有14代17王，这里的14代是指14辈，因为有的王是兄终弟及，所以王有17个。大禹创立夏朝，儿子是启，孙子是太康。太康当王以后管理不善，被东方来的后羿赶跑了。此后又经过寒浞和浇、豷，大概有七八十年的时间，到少康的时候，才又恢复了夏朝原来的王统，最后一直到夏桀被商汤灭掉。这是大体的历史过程。

夏王朝的记载还见于青铜器。著名的有宋代出土的春秋时期齐国青铜器叔夷钟，铭文中提到"处禹之都"。另一件春秋时期的青铜器秦公簋，讲到禹的时候提到"鼏宅禹迹"，"鼏"（mì）就是一个鼎上面盖了一块丝织品，"宅"就是居住，"禹迹"是大禹走的那些地方。可见，古代青铜器对夏代的历史也有记述。

我把先秦文献和司马迁《夏本纪》记载的关于大禹的事迹初步归纳为五个方面：一是治水，二是会诸侯于涂山，三是定都阳城，四是划分九州，五是禹征三苗。我又称之为"大禹五事"。下面依次来讲述这五个方面的事情。

第一，大禹治水。《尚书》记载了当时河水、江水泛滥的情况，以及从尧到舜都是怎样去治理洪水的。先是舜派大禹的父亲鲧去治洪水，鲧采取了堵的办法，洪水来了他就筑堤坝，结果洪水太大，堤坝挡不住，水一冲就垮了。于是，舜让鲧的儿子禹继承父业，继续治水，大禹采取了疏导的办法，挖沟挖河，把洪水逐步引走，治水也就成功了。有意思的是，这些文献特别是《尚书·尧典》中，还记载了当时其他参加治水的人，除了大禹，还提到后稷和契，后稷是周人的老祖宗，契则是商的老祖宗，还有东方夷人的祖先皋陶等人。

记载大禹治水比较有名的青铜器，是现在收藏在保利博物馆的豳公盨，它上面的内容跟文献记载是完全一样的，因为豳公盨属于西周中晚期的青铜器，所以，至少从西周中晚期开始，大禹治水的传说就已经在民间流传了。

这个记载流传很广，我们上小学的时候就知道大禹治水三过家门不入等故事。大禹治水涉及很多省，包括山西、河南、安徽，至少这些地区当时都有洪水发生。我们曾经请环境学、地理学的专家作研究，看传说中的距今 4000 年前后，上述这些地区有没有洪水的迹象。研究结果表明，4000 年前后确实有一场比较大范围的洪水泛滥，现在留下了一些遗迹。这些地理学研究的结论，和文献记载的内容是对应的。

第二，涂山之会。根据记载，涂山之会之前，大禹根据舜的命令去治理洪水，经过多年的努力，洪水基本治理好了。于是就在涂山这个地方召开了一次庆功大会。

涂山在现在的什么地方，说法很多。前几年，社科院考古所山东队在安徽蚌埠叫作"禹会村"的地方，发现了一个面积挺大的龙山文化遗址，它出土的遗迹和遗物非常有意思。

考古工作者在这里发现了一个长方形的用土堆起来的台基，最上面用一层白土覆盖，在台基面偏北处发现了一个烧祭面，在南面的台基中央可以看到密密麻麻的长方形柱坑，一共有 35 个坑，大小相近，距离相等。这样的台基在以前考古中从没见过，到底是干什么用的，有不同的解读。发掘者认为，这三十几个长方形小坑可能当年是用来插旗杆的，也就是参加涂山大会时各方面的部落代表到来以后，都要举出自己部族的标志，表示他来参加会议。

我认为这个解释很有道理，所以我支持这个意见。

在这个遗迹的左侧发现有灰坑、灰沟等，里面出土了很多陶器。这些陶器也很有意思，比如说这个地方应该是山东龙山文化分布的地区，但是除了山东龙山文化，还发现了河南龙山文化以及南方来的陶器，总而言之它比较杂，有多种不同样子的陶器，并不是一个单纯的考古学文化遗物。在该遗址附近还发现一些房子，说是房子吧，也不是很坚固，基本上属于工棚性质，使用时间很短。所以考古队员推测，这些"工棚"可能是来参加涂山大会的不同部落、不同地方的人在此举行祭祀活动时，临时居住的地方，祭祀完成之后，这些东西就掩埋掉了。我觉得这个解释也合理。

所以，关于涂山大会的历史记载，我认为是可靠的，而且这个地点就在禹会村北面的涂山。现在叫"涂山"的地方很多，安徽就有两个。我上次到安徽的巢湖，他们说涂山应该在他们那里，我说你这里没挖出人家那个东西，等你这里挖出来相应的东西咱们再讨论吧。

总而言之，涂山大会影响很大，是一个标志性事件。虽然是庆祝治水成功，但是我觉得它还有更重要的意义，就是因为大禹治水成功了，有这么多诸侯都拥戴他，所以，后来舜把位子禅让给禹是顺理成章的。如果没有这些功绩，没有这么多部落的拥戴，我想大禹要继承舜的位子，可能还没那么容易。

第三，建都阳城。阳城在什么地方，文献记载有说河南，也有说山西。河南也不只限于登封有阳城，还有开封附近的阳城。从考古发现来看，可能应该是登封的王城岗遗址。这个文献记载也是很有意思的，不论是古本《竹书纪年》还是《史记·封禅书》正义记载，都说舜把位子传给了禹，而禹觉得应该传给舜的儿子，他不应该继承这个位子。有的记载就说，禹为此还躲到阳城去隐居。但是老百姓还是拥戴大禹，所以大禹就在阳城这个地方建立了自己的都城。

20 世纪 70 年代，河南省考古研究所的安金槐先生，在王城岗遗址发现了规模比较大的河南龙山文化遗址，在这个遗址里面发现了一座龙山文化小城，长约 100 米，宽约 100 米，面积约 1 万平方米。安金槐根据文献记载，同时参考在其东北方向发现的战国时期的阳城，认为王城岗遗址就是历史记载的禹都阳城所在地。在离王城岗遗址东北方向大约 7.5 千米的地方，发现了战国时期韩国的阳城，里面出土的陶文显示，战国时期的人把这里叫作"阳城"，所以，安金槐认为这里就是禹都阳城。不过因为这个小城面积太小，在当时的学术界没有得到公认，于是搁置下来，

▲ 1990年5月，参加在美国加州举行的"夏文化研讨会"。左起：
安金槐、邹衡、李伯谦、王仲孚

没有定论。

后来，我们认为王城岗遗址确实重要，就提出来重新进行发掘。考古发掘的结果让人兴奋不已，在这个小城的外面居然又发现了一个大城，面积有30多万平方米。这个大城的年代与小城的年代不同，他们所属的文化期也有区别，小城建于王城岗遗址的河南龙山文化第二期，大城建于龙山文化第三期。根据碳十四测定，小城的年代是公元前2100多年甚至更早；而大城的年代是河南龙山文化第三期，即公元前2000年前后，这与根据文献推定的夏代在4000年前多一点的估计正好符合。所以我们认为，王城岗后来发现的这个大城，应该就是禹都阳城的那个阳城，也就是夏朝最早的都城所在地。

第四，划分九州。禹接受舜的禅让即位以后，根据山川形势、物产状况、风俗习惯等，把当时夏统治的区域分成了九个区（《尚书·禹贡》载，"禹别九州"）。为什么要分为九个地方，一来是好管理，二来是为了征税。其实那时候所谓的税就是进贡，划分九州，就可以区别各地出产哪些物品，进而要求当地向他贡献这些东西。九州包括冀州、兖州、青州、徐州、扬州、荆州、幽州、豫州、雍州。过去，大家都不太相信大禹时代就能划分九州，认为当时国家还没有那么大的地盘，分成九州更不用说了。

后来，社科院考古所的邵望平研究员写了一篇文章，将文献记载的九州与考古发现的考古学文化对应，根据文化因素分析的方法把它分成几大块。她认为，考古学上的这种不同现象，就是禹划分九州的根据。该研究把文献记载和考古发现结合起来，判定禹分九州基本可靠，我觉得这是非常有道理的。具体到当时能不能划分得那么细，现在也不确定，但至少在那个时期，大禹曾经划分若干不同区块，这应该是可靠的。

第五，征伐三苗。禹征三苗见于先秦文献记载和司马迁的《夏本纪》，而且根据记载，尧舜禹这三代都征伐过三苗。三苗在哪里，文献上有一个界定，《战国策·魏策》云："昔者三苗之居，左彭蠡之波，右有洞庭之水，文山在其南，而衡山在其北。"由此推测，长江中游这一带就是三苗的活动地域。当时，三苗经常和中原地区对立，所以尧舜禹三代都去征伐它，最后到夏禹时期把它彻底解决了，三苗的一部分被迁到甘肃，另一部分融入中原文化即当时的龙山文化中。

禹征三苗过去只是停留在文献记载，后来，湖北省的考古工作者在那一带进行考古发掘，就发现距今 4000 多年的石家河文化晚期，有些遗址的面貌发生了很大的改变。在石家河晚期阶段，那个地方出现了不少河南龙山文化的因素。后来湖北省的一些考古工作者写文章，认为这个时期的确变化较大，可统一称为"后石家河文化"，认为它们比标准的石家河文化要晚。这个时期测定的年代，跟中原地区王城岗这个时期的测年基本一致，其文化面貌也跟河南龙山文化类似。而且它流行的风俗，例如瓮棺葬，当地原来是没有这个传统的，但是在河南龙山文化中就有这个传统。过去比较标准的石家河文化时期，考古工作者很少发现玉器，而在后石家河文化阶段，发现了很多的玉器。但这些玉器也不像河南的传统玉器，很多学者认为，它可能跟山东龙山文化有关。我觉得这是需要继续探讨的问题。总而言之，这些考古发现能够说明，文献记载的禹征三苗确有其事。

以上我讲的大禹时期的五件事情，基本上都有考古学方面的证据。

▼ 2002 年 12 月 20 日，同葛英会老师（右）一起参观郑州市文物考古研究所王文华主持发掘的大师姑遗址

从大禹建立夏朝、定都阳城，一直到夏桀灭亡，我们把整个夏文化梳理了一下，接下来我再讲三个与大禹有关的考古发现，也包括夏都问题。

第一个是河南登封的王城岗遗址，也就是前面提到的阳城。这个城很小，所以安金槐先生认为它是禹都阳城时，别人不太认可。后来，我们又发现了它附近的大城，34.8万平方米。而且，大城的北城墙突破了小城的北护城河，这就提供了一个确凿无疑的地层关系，就是小城早于大城。年代测试显示，小城是公元前2100多年，大城是公元前两千零几年，而我们根据文献推定夏代开始于公元前2070年，这与我们在王城岗的考古发现结果比较接近。

第二个是后羿代夏。根据文献记载，夏朝到了太康统治时期，发生了"太康失国"事件，东方来的夷人后羿推翻了太康的政权，取代了他的位置。过去，我们只是从河南龙山文化尤其是二里头文化因素分析中，看到确实有一些来自东方的因素。1986年，我写过一篇文章讲二里头遗址的文化性质，我提出来，二里头文化不包含最早的夏文化，它是"少康中兴"以后的文化，从它的文化遗存可以看到来自东方的因素，不过那时候我们没有太多的证据，只有相关的迹象和线索。

考古队员曾经在新密的新砦遗址发现了早于二里头遗

迹、晚于河南龙山文化的一些遗存，当时称之为"早于二里头一期的文化遗存"，或者叫"新砦期二里头文化"。后来，我们想确认夏代的这些考古遗迹，就提出来对新砦遗址重新发掘，刚开始我们还担心能不能挖到这个时期的遗存，只是请北京大学方面先挖挖看，结果确实找到了地层叠压关系。在我们称之为"新砦期遗存"的地层下面，叠压着河南龙山文化的地层，在新砦期之上叠压着二里头文化地层，这就提供了一个确凿无疑的证据，新砦期遗存是存在的。为什么说它存在，因为它出土了很多具有山东龙山文化和豫东龙山文化遗存特征的器物。

我们把这些考古发现与文献记载的后羿代夏这件事联系起来，认为新砦遗址可能就是后羿代夏这个阶段留下来的遗存。后羿带着东方来的夷人把夏推翻了，差不多经过了七八十年，到少康时期，夏人的力量又起来了，恢复了夏政权。新砦期的遗存应该是后羿以及后续的寒浞等人留下来的遗存。

新砦期遗存发现以后，郑州市文物考古研究院在河南巩义的花地嘴遗址也发现了一个比较大的新砦期遗址，出土了更丰富的新砦期遗存。现在来看，所谓新砦期遗存不仅在花地嘴有，在别的地方例如郑州市高新技术开发区的东赵也有。这就可以证明，后羿代夏确有其事。

▲ 2013 年 4 月 11 日，在河南郑州东赵遗址观摩陶器

▲ 2014 年 8 月 27 日，参观河南郑州东赵遗址

这里需要说明一下，新砦期的有无问题一直有争论，实际情况如何，我觉得确实值得好好分析一下。后羿代夏是后羿把夏王朝原来的正统推翻了，后羿、寒浞统治了几十年。但是我们推测，这种统治更迭并不像发洪水那样，后羿一来就把原来以河南龙山文化为代表的遗存彻底推翻。通过考古也可以看出来，有一些遗址的东方因素比较多，像新砦、花地嘴。根据这种情况，我们推想，后羿推翻了夏代正统，就把东边的这些因素带到了中原地区，但在它的势力影响小的地方，东方因素可能并不明显。

少康中兴以后又经过了好多代，到了夏桀的时候被商汤推翻了，在这段时间里，夏代的都城迁过好几次，不过现在考古能证实的，就是王城岗阳城以及二里头遗址。二里头遗址现在是在洛河以南、伊河以北，而洛河是后来改道至此的。实际上，二里头时期，洛河、伊河在二里头遗址的西边交汇，所以，它是在古伊洛河的北岸。1963 年，我曾经带学生实习，参加了这次考古发掘。这里的地层叠压关系、遗存的打破关系，都证明它是晚于河南龙山文化、早于郑州二里岗商文化的一种遗存，结合文献记载推测，可能就是夏代都城斟鄩的遗址。

二里头遗址的分布范围，按照我的说法是豫西地区、晋南地区，还有河北南部的部分地区以及陕西东部的部分地区。它出土了很多有特征的陶器，与河南龙山文化有继承关系，但是区别也是一望而知。

关于夏代的具体年代，我们认为是公元前 2070 年至前 1600 年。其中公元前 2070 年是大禹建阳城的时间，公元前 1600 年是夏商分界也就是商汤灭夏的时间。王城岗二期的测年数据大概是公元前 2132 年，王城岗三期的测年数据大概是公元前 2030 年。其中王城岗三期的数值正好落在二里头文化的前边（公元前 2070 年到前 2030 年），二里头文化的最晚期是公元前 1600 年。这就说明，二里头文化不是整个夏文化。1986 年我就写了一篇文章，我觉得二里头文化是夏的遗存，但它不是从开始一直到灭亡的整个夏代的遗存。根据文献记载推定，夏朝共 14 代 17 王，统治时间 471 年，而测年的结果是二里头文化只有 300 多年，不够 400 年。但是如果加上后羿代夏的七八十年，就进入了夏朝 471 年这个范围之内。我们联系起来看，王城岗的大城是最早的夏都，二里头遗址是最晚的都城。这两个均已得到考古学的证明。文献记载还有几个王搬了家，但现在没有找到，这是今后我们要做的工作。河南省文物考古研究院在济源曾经发掘过一个二里头文化遗址，另外，郑州大学考古系在豫东发现了一个遗址，怀疑它与夏朝中后期都城老丘有关，我们也希望能继续做一些工作。

说起夏代，大家可能会关注二里头遗址是不是夏的讨论，以及有没有夏代的讨论。有学者提出，二里头遗址可能是夏也可能是商，因为没有发现当时的文字，所以，它是夏是商都只能是猜想。我觉得这个问题是值得讨论的。通过重新考察二里头、王城岗、新砦等遗址，我们认为，二里头文化是夏文化没有问题，二里头文化只是少康中兴以后的夏文化也没有问题。

从口耳相传到文献记载的文献史学系统，以及考古学在登封王城岗、新密新砦和二里头等地的考古发现，加上文化人类学和社会学的研究成果，我们认为，夏代是存在的，并且已经进入阶级社会。从考古学角度来看，夏文化包括第一阶段的河南龙山文化王城岗遗址、第二阶段的新砦遗址，然后是二里头遗址，这大概就是现在的倾向性的意见。总而言之，正是因为考古工作的成果，我们才能看到夏代人的遗迹和遗物。

（李伯谦执笔。原载《光明日报》2018 年 8 月 5 日第 6 版，收入本书时略有修改）

第八章

我们为何要考古

今年我 88 岁，这几十年来，围绕着我的工作和研究就是两个字：考古。其实说起来，我跟考古结缘很偶然。

一

我少年时学习勤勉，历史、地理都名列前茅，课余时间便一头扎进文学里，从赫赫有名的鲁迅、郭沫若等人的作品到一些还不太出名的小说，我都读得兴致盎然。我那时候的梦想是做文学家，向纸墨间谋一安身立命之处，所以升大学时便填报了北京大学中文系。不料命运捉弄，可能是中文系太热门，也可能是我历史考得过好了些，录取通知出来时，我发现我被历史系录取了。

那时候，北大历史系有三个专业：中国史、世界史、考古学。考古学究竟是什么，我脑子里全然没有概念。到了一年级的下学期，要分专业了，各个教研室的老师纷纷开始"拉拢"学生。当时著名的旧石器考古学者吕遵谔先生便向我们"推销"考古："考古哪里好？第一，可以'游山玩水'，考古要实习，那自然就能游历名山大川了；第二，考古可以学照相，我们有特别好的照相机；第三，历史系有中国史、世界史、考古学三个方向，考古专业的学生要学中国史，世界史也要学，但是另外两个专业，它们不一定要学考古学，你要想多学点知识，就来考古专业。"当时摄影还是件稀罕事，少年人又怀着一种要吞天吐地、将天下知识纳于怀中的气概，我便被吕先生这番说教俘获，阴差阳错地入了考古门。

一入考古门，我便为考古的魅力所折服。1958年暑假，在那个热火朝天的年代，吕遵谔先生说我们要去周口店过一个"共产主义的暑假"，考古专业喊出口号"挖出猿人头，向国庆献礼"，于是我同一群满怀热忱的同学住在周口店，开始第一次发掘实习。

第一次田野考古我至今印象都很深刻，那是一段非常愉快的经历。那里地层极为牢固，学生们干劲十足，用大铁锤凿出个大洞，塞进炸药，硬是把它给炸开了。尽管没有挖出猿人头，我们也收获颇丰，挖出了不少动物化石和石器，排成一列，老师们便现场开始教学，这是什么东西，有什么意义。自那时起，我便像是揭开了考古那神秘面纱

▲ 1996 年 5 月 5 日，1956 级考古班同学与苏秉琦（中坐者）、
   贾兰坡（拄杖者）先生在一起，右二为李伯谦

▲ 2012年4月17日，北京大学考古专业成立60周年纪念会上，1956级考古班同学及家属摄于恭王府，二排左三为李伯谦

的一角，得以一睹真容、初窥门径了。

1959 年，按照教学计划，我们开始了一个学期的正规实习。时间大概是 1959 年的 3 月到 8 月，分为两个阶段：一个是发掘实习，一个是调查实习。我们到了陕西的华县，在那里发现了一个新石器时代的遗址，包括生活场所和墓葬遗址。我被分在墓葬区发掘，老师手把手教我们怎样画出探方，怎样识别地层，出土器物后根据类型学进行整理。地层学和类型学的训练，为我打下了考古学最重要的基础。发掘过程中，老师也不断启发我们思考。比如一座墓中埋葬多人，他们是什么关系？是夫妻还是兄弟姐妹？为什么有的小女孩随葬很多比较奢侈的器物？是不是在氏族有着特殊的地位？老师启发我们思考这些谜题，告诉我们应该看什么书，读什么文章。这些谜题的解答，需要我们把材料发掘出来，整理好，然后循着这些线索抽丝剥茧，才能将那笼罩了数千年的迷雾轻轻吹开，古人生活的场景便宛然在目。

1961 年，我毕业后留校工作。虽然说是留校，但是之后近二十年，我其实也没有登上北大的讲台教书，大部分时间是根据系里安排，带学生去田野实习，奔走在天南地北的田野遗址中，枕着黄土入眠。1961 年刚毕业，我去发掘了昌平雪山遗址；1963 年我参与了偃师二里头遗址的发掘；1964～1965 年我又去了安阳殷墟。恢复招生以后，1972 年我去发掘了北京房山琉璃河西周燕都遗址；1975 年我去青海柳湾遗址，发掘精美绝伦的彩陶；1978 年我去承德，参与夏家店下层文化墓地的整理；后来我又参与发掘江西清江吴城、湖北黄陂盘龙城、山西曲沃晋侯墓地等。

现在回头看，这一段经历非常宝贵。考古不是闭门造车的学科，不接触实际、不扎根田野就没有发言权，唯有在鲜活的遗址和遗迹、遗物中才能取得第一手资料。

▲ 1987 年，出席世界考古大会，摄于德国特利尔古城堡

▲ 1996 年 12 月访英期间，在伦敦大学考古学院的考古学家莫蒂默·惠勒画像前

　　自毕业后东奔西走，十年辛苦，想来也够磨成一剑。毕业十年后，20 世纪 70 年代我才发表了第一篇文章。这篇文章是我从田野发掘的材料整理中萌发出来的，是参与江西吴城商代遗址的发掘时思考所得。那是 1973 年，我突然接到苏秉琦先生的电话，他把我叫到考古所，说我的老同学李家和自江西扛了一麻袋陶片到这里，苏秉琦先生看过后觉得很有发掘价值，便把这个任务交给了我。

　　吴城遗址非常重要，它是中国长江以南地区最早发现

▲ 1998 年访问法国时，参观古生物化石发掘

▲　在库房整理出土文物

　　的商代遗址。那时候我已经久经田野发掘的训练，对地层发掘、类型分析早已得心应手。我们将出土器物按类排列，进行文化对比，分成两堆。其中一堆与郑州商城、安阳殷墟商文化出土的器物形貌酷似，另一堆却是在北方十分少见的"土著"器物。这个文化该怎么命名，众说纷纭。我认为，尽管这个新的文化有商文化的因素，但是分量不占主要地位，大部分是我们过去没碰到过的本地的器物，所以，我们叫它"吴城文化"。

　　这件事酝酿出了我在学术上的一个新思考——文化因

素分析。我常常说，我们搞考古的人如何把冰冷的出土文物与活生生的历史联系起来，变成历史研究有用的素材？这套方法便是在中间架一座桥梁。对于文物，你要先确定它的性质，再考证一下它的种种成分与外界有什么关系，这一块儿是受哪里的影响，那一块儿又能溯源到哪里。如此这般，就把一个扁平的"物"塑造成了一群立体的"人"，这样你就能看到，原来这堆不起眼的文物承载了许多不同部族的文化，再拿出传世文献加以比对，与各部族记载竟神奇地吻合。或者你会惊讶地发现，自己踏入了一片尚未被传世文献记载的历史处女地。这套方法成了我做学问的利器，我在出版的第一本书《中国青铜文化结构体系研究》中就谈到了这个方法。我自己体会到，没有文化因素分析，我都不会写文章了。正是因为掌握了这个方法，才能通过"物"，看到背后的"人"、背后的"族"，架起一座从考古学研究上升到历史学研究的桥梁。

田野发掘虽然辛苦，但是也有很多乐趣。每一次发掘都充满了期待，发现新东西的时候就特别兴奋；如果能有铭文与传世文献对应上，那就更是高兴得不得了。

我最满意的是在晋侯墓地的发掘。这是北大多年的实习基地，我也参与其中。一直到 2001 年，一共发掘出 9 组 19 座晋侯及其夫人的墓葬，我们对每一组的墓葬都

▲ 2009 年 10 月登北京水长城

考证了墓主人。晋侯墓地的发现无疑是 20 世纪西周考古最重要的发现之一，它为确认西周时期晋国的始封地以及晋国历史研究提供了重要的实物资料，迄今为止，这仍是研究西周时期封国的重要材料。

经过数十年的田野发掘和研究，我深刻地感受到，做学问一定要扎扎实实，要甘坐板凳十年冷，要扎扎实实积累材料，所谓厚积才能薄发，这是北大传统。

我在上学和工作期间大部分的研究都是围绕商周考古展开的。1996 年，"夏商周断代工程"启动，我作为首席科学家参与其中。"夏商周断代工程"最早是宋健院士和李铁映国务委员提出的。宋健说："我到国外访问，参观许多文明古国的博物馆，展板上都写得很清楚这是什么年代、什么王朝，可是咱们的博物馆，上古的很多都说不清楚。比如夏朝的开始，有的说是公元前 20 世纪，有的说是公元前 21 世纪或公元前 22 世纪，究竟哪个对？"他决定找一些专家听取意见，经过讨论后，我们觉得对夏商周的断代研究比较可行，于是，1996 年启动了"夏商周断代工程"。通过参与"夏商周断代工程"，我有一个很深的体会就是，任何科研攻关都不是一个孤立的学科能完成的，必须跨学科、多学科联合，发挥各自优势。"夏商周断代工程"对我自己的研究也很有启发作用，一定要走多学科融合发展的路子才行。

"夏商周断代工程"确定了夏代的存在，这是一个很大的功劳，过去很多人认为夏代只是个传说。回顾中国考古学的历程，殷墟和郑州商城的发现确定了商的存在。按照文献记载，夏在商的前头。怎么证明呢？首先，通过考古学找到了比商更早的遗存；其次，根据文献记载，夏的活动范围与考古发现的地点是一致的；最后，我们对出土文物的特点进行分析，并且用碳十四测定它的年代。最终我们证实，以公元前21世纪至公元前16世纪河南登封王城岗、新密新砦、偃师二里头遗址为代表的文化就是夏文化，夏代是确实存在的。

在"夏商周断代工程"之后，我的研究思路进一步开阔，我觉得不能仅仅局限在夏商周这里，应该继续往前追，进一步追溯中华文明的源头。确定夏代存在以后，那么夏以前呢？按照司马迁讲的，上古有五帝，黄帝、颛顼、帝喾、尧、舜，之后大禹建立夏朝，进入三代。那么，以夏为基础再往前追，可能能追到文明更早的源头。

在"夏商周断代工程"以后，我们又开始了"中华文明探源工程"，希望在此前的基础上，进一步深入开展中国古代文明的研究。往夏以前追溯，我们运用同样的研究方法，推定山西襄汾陶寺遗址就是文献记载的"尧都平阳"

所在地，尧也被证实是存在的。陶寺遗址发现了一座280万平方米的古城，有两重城垣，还有古观象台，测定的年代是4100多年前，尧部族活动的地方就在这一块。把这几个对起来，推测这里是尧都所在地，我觉得是合理的。

再往前还有没有源头？有没有比尧更早的文明？上古文明是如何演变的？在不断追溯中，我们对中华文明的认识也在不断深化。后来发掘河南三门峡灵宝县（今灵宝市）的西坡遗址，有大房子，有比较大的墓葬，但是出土的玉器只有一件玉钺。同一时期的良渚文化玉器十分发达，且大多是祭祀用，西坡遗址在规模上与良渚同类大墓相比就

▲ 2015年10月16日，在河南登封方家沟遗址

显得寒酸。过去认为这是落后的表现，但我认为，这可能是反映了二者在文明的演进过程中走的道路不同。红山文化、良渚文化中神权占主导地位；而在中原地区，祖先崇拜是第一位的，要传宗接代，要考虑本族的长治久安，因此才会出现比较简约的情况。正是因为道路不一样，最后崇尚神权的红山文化、良渚文化都灭绝了，只有崇尚祖先崇拜的中原地区的仰韶文化存续下来，没有断过，到了夏代以后逐步扩展，形成了以华夏文明为基础和核心的中华文明一统的格局，敬天法祖的祖先崇拜也构成了中国人骨子里最深的信仰。这也充分证明，道路决定命运，不同的道路选择决定了文明的不同演变模式。当然，以后可能也会有新的材料来证明它或者推翻它，但至少这种可能性是完全存在的。

总之，在我"安身立命"的商周考古之后，我的研究就这样一步一步地往前推进，不断追溯中华文明的起源，寻找中国人的根，这是我研究上古文明的一个重要动力。

二

考古学最早在欧洲兴起。19世纪末20世纪初，许多国外的探险家和学者在中国进行考古、探险甚至是盗掘，中国人的爱国热情被激发，一些爱国知识分子就去国外学习考古学，比如梁思永。这批人回国以后，中国的考古学逐步建立和发展起来。1921年，北京大学成立考古学研究室，马衡担任研究室主任，这是中国第一个考古学科。

中华人民共和国成立以后，1952年，在文化部和中国科学院的支持下，北京大学历史系考古专业正式成立，这是我国高等院校的第一个考古学专业。新中国成立初期，懂考古的人数量少，跟不上实际需要，北大就联合文化部、中国科学院举办了四期考古工作人员训练班，短短几个月时间，对怎么发掘、怎么测量、怎么绘图、怎么照相进行集中训练，学完以后就分到工地上去。20世纪80年代以前，各省考古的领头人，包括学术上和行政管理上，都是这些人，这几期训练班也被称为考古界的"黄埔"。

北大考古教研室人不多，也就十几个，但是名家荟萃，人才济济，苏秉琦、阎文儒、宿白、邹衡等先生都是一代大师。正是他们筚路蓝缕，北大考古学专业慢慢壮大起来。1983年，考古专业从历史系分出，独立建成考古系，宿白先生是第一任系主任，北大考古进入了新的发展阶段。1998年，我向学校申请将考古系改为考古文博学院。但因为考古系比较小，所以就先去掉了"学"字，称之为"考古文博院"，更强调它的研究性质，由我出任第一任院长。

▲ 李伯谦老师近照

到了 2002 年，正式成立了"北京大学考古文博学院"。

在北大，从考古教研室到历史系考古专业，再到考古文博院，最后到今天的考古文博学院，考古学取得了长足进步，这不单是北大考古学的发展，也是中国考古学发展的一个缩影，背后正是一代代中国考古人的探索和奋斗，我非常有幸能够参与并见证这一历程。

三

2019 年 1 月 3 日，中国社会科学院中国历史研究院成立，下设考古研究所、古代史研究所等。这是中国社会科学领域的一个重大举措，也是考古学进一步发展的又一重要契机。历史科学是通过包括考古学在内的研究来丰富的，这一切让我更加坚信，选择考古学是幸运的，我不后悔选择考古专业，这条路走得还是对的。

我是研究上古文明的，在研究中国文明演进历程中，我总结了八点启示。第一，文明模式的不同选择导致了不同的发展结果。道路决定命运，考古学的事实告诉我们，一个民族、一个国家，选择怎样的道路是决定其能否继续生存发展的关键。第二，道路选定以后，发展不一定是一帆风顺的，也可能发生改变。良渚文化的前身是以军权、王权为主的崧泽文化，到了良渚文化阶段，开始崇尚神权，因此垮了下去。第三，我国古代文明演进的历程是不断实现民族文化融合、不断吸收异族文化先进因素的历程。对异族文化因素不能全盘照搬，而是要根据自身发展的需要加以选择。第四，血缘关系和由此产生的祖先崇拜是中国古代文明保持延绵不绝、持续发展的重要原因。第五，在中国古代文明演进过程中，共同的信仰和共同文字体系的使用与推广，是维护统一的重要纽带。第六，中国古代文明演进过程中形成的"天人合一""和而不同""和谐共存"等理念，以及在其指导下正确处理人与自然、人与人、国与国等关系的实践，是文明自身顺利发展的保证。第七，中国古代文明演进过程中，中央集权的政治制度对于保证大型工程的兴建、国家的统一发挥了重大的不可替代的作用，但是过度运用也在一定程度上束缚了人们的思想和创造性。第八，中国古代文明演进的过程，也是阶级形成、统治阶级与被统治阶级不断"斗争—妥协—斗争"的过程，统治者推行的政策，即使符合社会发展的要求，也需要得到广大人民群众的理解，不可超过其所能够忍受的限度。"水能载舟，亦能覆舟"，这是历史经验的总结。

回顾中国历史，发扬优秀传统文化，总结经验教训，这对中华民族今天的建设和未来的发展都具有重要的借鉴和参考意义。

我八十多岁了，从小时候到现在，我见证了时代的巨变。在我小时候，处处是现在难以想象的贫穷破败。抗日战争时期，河南的"水、旱、蝗、汤"（"汤灾"是指驻

▲ 2021 年 10 月摄于三门峡"中国现代考古学诞生 100 周年纪念大会"（李贺摄）

扎在河南的国民党军官汤恩伯) 我都经历过。如今，我们国家发生了天翻地覆的变化。从当年的艰苦、破败、混乱，到现在的富强、发达、和谐，我国经济、科技、军事、文化等各方面的实力都有了巨大的增长，未来还有更加光辉灿烂的征程。作为北大人，为祖国做出更大的贡献是我们应当牢记的责任和担当。眼底映着未名水，胸中长系黄河月，这是北大人该有的襟怀。

（李伯谦执笔。原载 2021 年 3 月 23 日北京大学新闻网，文章名《手铲释天书　拂尘觅古幽》，收入本书时有所修改、删减）

附 录

李伯谦考古工作日记节选

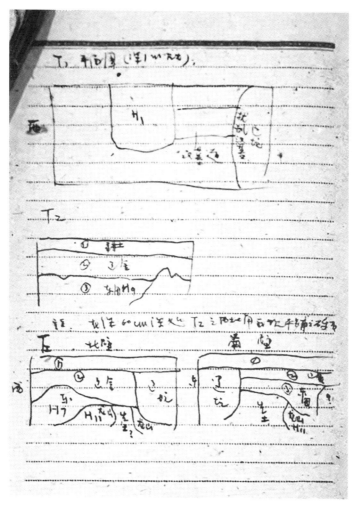

▲ 探方平面图（上）和地层剖面图

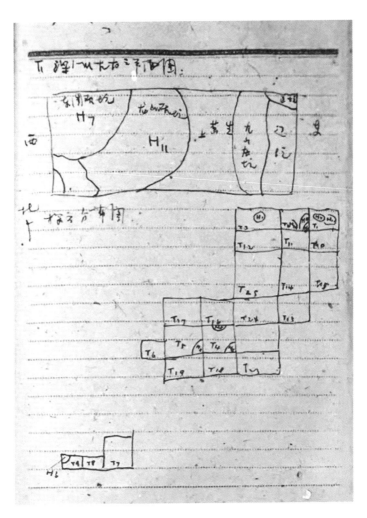

▲　探方平面图（上）和探方分布图

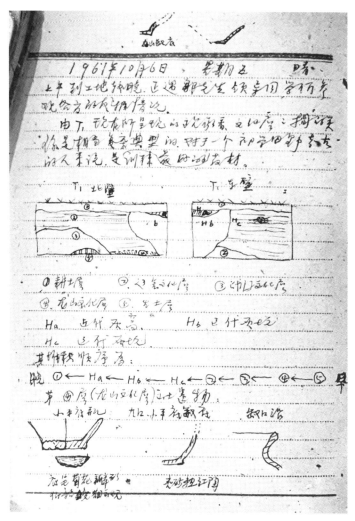

▲ 1961 年 10 月 6 日考古工作日记，记录当天的工作情况，绘有地层剖面图，还有对遗迹单位的早晚关系、出土陶片特征的分析

▲ 1961年10月20日考古工作日记，记录陶窑、陶灶的发掘情况

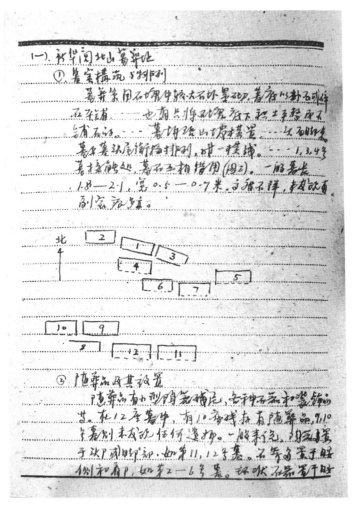

▲ 墓葬分布示意图，还有对墓葬排列规律、随葬品在墓中放置
情况的分析

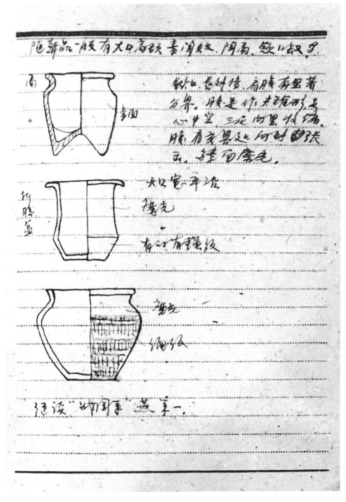

▲ 墓葬出土陶器草图，对出土战国陶器的形状、纹饰进行了描述

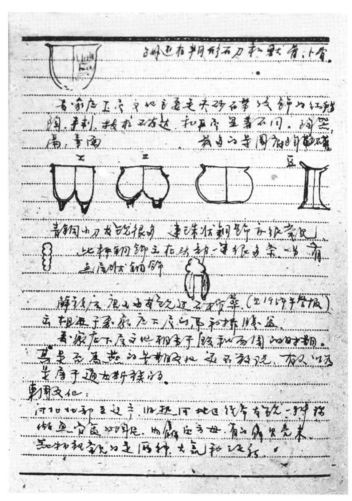

▲ 对河北北部出土的夏家店下层文化的陶器、青铜器进行分析

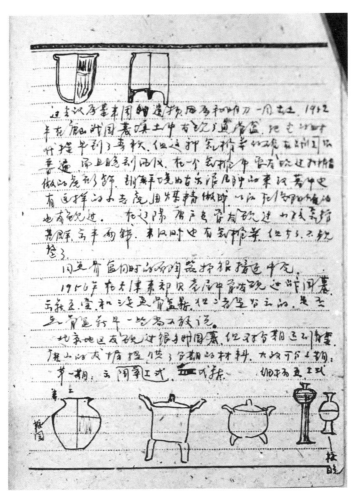

▲ 对河北唐山战国墓进行分期研究

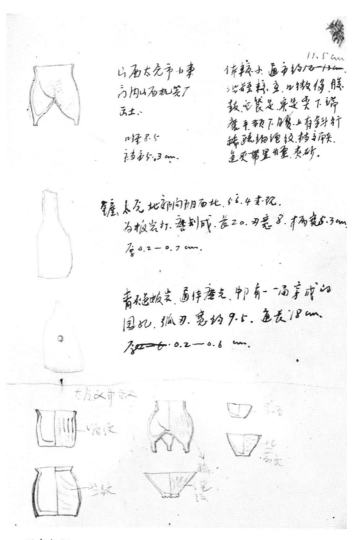

▲ 研究札记

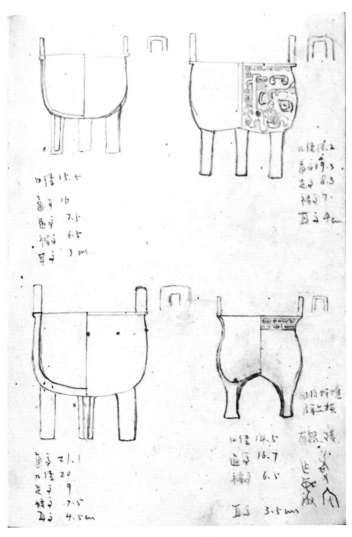

▲ 用铅笔手绘的青铜鬲（右下角）和青铜鼎

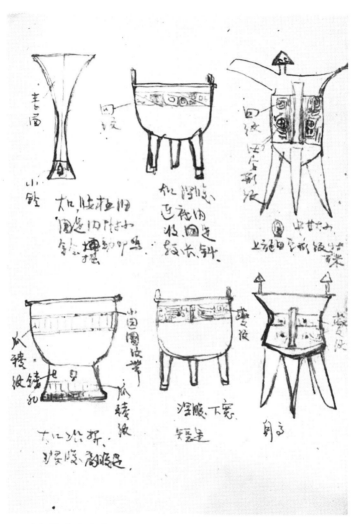

▲ 用铅笔手绘的青铜礼器

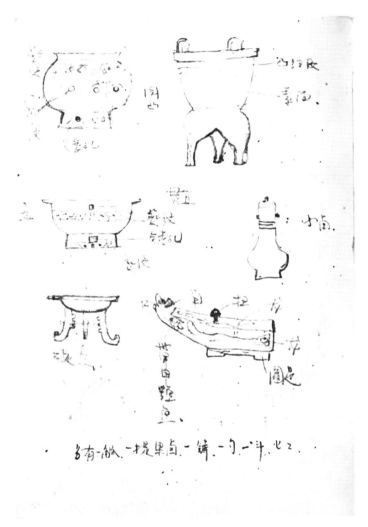

▲　用铅笔手绘的青铜礼器

后　记

李伯谦是思想者，他不但是考古界的一盏灯，更是考古界的执火者。这是我写李伯谦老师的动因：思想有深不可测的领地，却又永远不画地为牢。

1937 年农历二月初十日，郑州东赵村李家老屋传出一声啼哭，李家添丁，是长子名伯谦。这一声啼哭成就了北大教授、"夏商周断代工程"首席科学家李伯谦。几十年后，李家老屋的地下，竟发现有夏商周三城叠罗汉。首席科学家，夏商周三城，这是一种文化赓续。60 多年读大地、写人生，李伯谦倾情至真："一到工地我就兴奋……摸陶片是最大的享受。"

李伯谦 19 岁那年，以历史高分考入北京大学历史系。寒门学子的他，赴京报到时穿着母亲拼接的旧衣服，在男穿上海蓝学生装、女穿"布拉吉"的新生中，显得十分朴素。他被分到考古专业，因为不知何为考古，他趁着放寒假恶补，母亲准备的棉衣他没带，只好申请学校补助的棉衣。李伯谦深爱他的母亲，有了工资之后，回去总要给母亲带些牛肉，老人家好这一口。李伯谦当上教授，教学和田野发掘十分繁忙。母亲病重，家里人说让他回来，母亲说，他是公家的人，别叫他回来。母亲病重，他没在床前尽孝；母亲离世，他没见最后一面，这是李伯谦永远的痛！

学生时代，李伯谦有两件事难以忘怀。一件事是他回郑州，在东赵的村路旁捡拾了几块绳纹陶片，回到家他写了一篇小文，认为这里是一处大遗址。陶片带回学校，得到老师的表扬，评价这是一次小小的考古实践。小文寄给有关杂志，泥牛入海没了消息。另一件事是暑假考古实习。1958年"大跃进"，学校暑期不放假，组织班上同学到北京周口店遗址进行考古实践。李伯谦和同学乘坐卡车，一路歌声到了周口店。令他们惊喜万分的是见到了郭沫若院长，尤其是见到第一个发掘出北京猿人头盖骨的考古学家裴文中，并且合影留念。裴夫人甘当伙夫给同学们做饭。这次考古实践，上山打孔放炮，危险又刺激。李伯谦还跟同学一起采访当年北京猿人头盖骨的发掘者，写出了调查报告。第一次零距离接触郭沫若、裴文中，第一次打眼、放炮、田野发掘，第一次搞考古调查、写报告，通过三个第一次，李伯谦坚定了一辈子干考古的决心。

1961年，李伯谦毕业留校，是恩师苏秉琦和宿白教授极力向学校推荐他留校任教。从助教、讲师一直到副教

▲ 作者赵富海（后左）及其夫人与李伯谦先生合影

授、教授、博士生导师、系主任，李伯谦还是考古文博院的首任院长，兼任北京大学赛克勒考古与艺术博物馆的馆长。李伯谦教书育人，带出研究生、博士生百余人，听过他讲课的学生更是数不胜数，真可谓桃李满天下。

60 多年来，李伯谦走在考古学前沿，他是时光隧道的执火者；60 多年来，李伯谦读写生命大地，与古人对话，证历史，修国史。1963 年，李伯谦带学生到河南偃师二里头实习，带 4 个学生到周边搞调查，住牛棚，睡干草堆，他说"挤在一起挺暖和"。1980 年春，李伯谦带人到山

▲ 2015 年 6 月 14 日，李伯谦与赵富海在郑州
东赵村合影

西曲沃的曲村调查选址，村干部把他们领到办丧事那家，
睡在死去之人的炕上，吃的是供品，他说，"只要能吃饱，
咱们好干活"。在曲村发掘晋侯大墓时，墓坑太深，他用
绳子绑在身上吊上吊下。一次吊出墓道时扭伤了腰，3 个
月之后才回北京医治，错过了最佳治疗时间，落下终身毛
病。重返曲村时，李伯谦写下"曲村之恋"四个字。他说：
"我是河南人，工作在北京，山西是我的学术第二故乡。"

1972 年，李伯谦赴江西吴城考古发掘，提出"吴城
文化"，并且得到学界认可。他从考古实践提炼出"文化
因素分析法"，发表了《试论吴城文化》，得到社科院
考古所所长夏鼐的肯定。1988 年他完成了《论文化因素
分析方法》一文，如今，地层学、类型学、文化因素分析
法已经是考古学研究的基本方法。20 世纪 90 年代初，李

伯谦提出中国古代文明演进的两种模式——神权与王权。神权敬神崇巫，极大地浪费社会财富，最终消亡；王权重视生产，社会得到可持续发展，中原地区是其代表。2017年，李伯谦在《光明日报》发表《中国古代文明演进对历史的八点启示》，多家报纸和网站转载。2019年，李伯谦与陈星灿主编《中国考古学经典精读》（高等教育出版社，2019年），李伯谦在"绪言"里勾画出一条清晰的中国考古路线图，展示了中国考古学者的自信。60多年的考古实践与研究，形成了李伯谦恢宏的历史观、严谨的治学态度、独有的科学思辨，也形成了他的人文气息和爱国情怀。

由我撰写的《读写生命大地——记20世纪知名科学家李伯谦》（中国社会科学出版社，2016年）一书，已被译成英文版《读大地 写人生》，这是国内第一部由作家写的著名考古学家的报告文学。

近年来，多有专家学者到东赵参观夏商周三城遗址，并与李伯谦合影，背景必须是李家老屋。大伙儿说："李伯谦从小捡陶片，今生必定干考古！"

赵富海

2025年1月3日于郑州